A verdade nunca morre

VALTER DOS SANTOS

A verdade nunca morre

intelitera

A verdade
nunca morre

Copyright© Intelítera Editora

Editores: *Luiz Saegusa e Cláudia Z. Saegusa*
Fotografia de Capa: *Shutterstock - Copyright: locrifa*
Capa: *Casa de Ideias*
Projeto gráfico e diagramação: *Casa de Ideias*
Revisão: *Rosemarie Giudilli*
Tradução do original: *The Truth Never Dies*
Tradução para o português: *Eliane de Iasi*
1ª Edição: *2017*
Impressão: *Lis Gráfica e Editora*

Esta obra foi editada anteriormente por outra editora, com o mesmo título.

Rua Lucrécia Maciel, 39 - Vila Guarani - CEP 04314-130 - São Paulo - SP
11 2369-5377
www.intelitera.com.br - facebook.com/intelitera

Dados Internacionais de Catalogação na Publicação (CIP)
(Câmara Brasileira do Livro, SP, Brasil)

Santos Junior, Valter Lopes dos
    A verdade nunca morre / Valter Lopes dos Santos
Junior ; tradução para o português Eliane de
Iasi. – 1. ed. --- São Paulo : Intelítera
Editora, 2016.

    Título original> The truth never dies.

    1. Espiritismo 2. Romance espírita I. Título.

16-07732   CDD-133.9

Índices para catálogo sistemático:
1. Romance espírita psicografado : Espiritismo   133.9

ISBN: 978-85-63808-72-1

*Este romance é dedicado
aos meus queridos avós
que me ensinaram a
amar incondicionalmente.*

Abençoados sejam os misericordiosos,
porque alcançarão a misericórdia.
(MATEUS: 5,7)

Sumário

A passagem 9

As Torres 18

De volta à Colônia Espiritual 32

Liverpool - 1822 38

No Templo 49

Amigas 57

O desespero de Michael 60

O feriado prolongado 69

Dois inimigos reunidos 78

De volta a Londres 91

O plano dos escravos 103

As visões de Harry 117

Liverpool - 1826 130

O Centro Espírita Chico Xavier 153

A mensagem de Harriet 167

O retorno de Michael 176

A verdade nunca morre 183

O assalto 206

Gina e Michael reunidos mais uma vez 212

A vida nunca termina 218

Notas do autor 222

A passagem

Gina acordou mais cedo do que o habitual e, antes mesmo de pensar em qualquer outra coisa, preparou o café e foi confirmar se as crianças tinham acordado e se já estavam vestidas e prontas para irem à escola. Normalmente, naquela hora da manhã, seu marido Michael já estava trabalhando na central jornalística de televisão. Os dois se conheceram quando cobriam os Jogos Olímpicos de Sydney. Ambos, Gina e Michael tinham seus vinte e tantos anos e trabalhavam intensamente buscando atingir sucesso em suas carreiras. Gina e Michael começaram a namorar e, em menos de um ano, já estavam morando juntos. Gina ficou grávida logo após o casamento e, então, nasceu Harry, o primeiro filho do casal.

Gina, após o nascimento do primeiro filho, precisou mudar o foco de sua vida e diminuir o ritmo em que desenvolvia sua carreira, enquanto Michael buscava aproveitar todas as oportunidades possíveis de trabalho, com o objetivo de ser bem sucedido na função de apresentador de um noticiário de TV, em um dos grupos de jornalismo televisivo mais importantes do país. Mas, foi após o nascimento de Kit, o terceiro filho, que Gina desistiu de seguir sua carreira, passando, então, a se dedicar exclusivamente aos afazeres domésticos.

Naquela manhã, Gina teve uma sensação estranha, algo que não podia explicar. Seu coração batia rápido, e não conseguia se concentrar em nada. Sentiu forte pressão no peito e sua cabeça começou a doer. Depois de ter servido o café para seus três filhos – Harry, Grace e Kit – levou-os de carro para a escola, como sempre fazia. Já de volta, em casa, abriu a porta para receber Juliana, empregada e babá das crianças. Seu coração ainda estava batendo mais rápido do que o normal, causando-lhe sensação incômoda. Suas mãos tremiam, e a imagem do rosto de seu marido não saía de seus pensamentos. Tentou ligar para o celular de Michael, mas não houve resposta. Na noite anterior, Michael tinha trabalhado na preparação para a cobertura do dia das eleições, um projeto ao qual se dedicava fazia vários meses. Concluindo que seu marido pudesse estar muito ocupado e não querendo incomodá-lo, não insistiu mais.

"Ele deve estar muito ocupado", ela pensou, tentando manter-se calma. "É melhor deixar para lá. Ele vai me ligar assim que tiver uma chance."

Gina estava tensa e suas mãos estavam cada vez mais frias. O telefone da casa tocou naquele momento. Gina correu da cozinha para a sala a fim de atender. Com seu coração disparado e uma angústia muito intensa em seu peito, atendeu.

– Alô?

– Gina?

– Sim, sou eu. Quem é?

– Sou eu, Paul.

Paul Edwards era primo de seu marido Michael; os dois primos tinham crescido juntos e criados quase feito dois irmãos. Paul também era um jornalista e trabalhava na central de TV.

– Sinto muito em dar esta notícia pelo telefone, mas Michael sofreu um acidente. Ele está em estado grave. Você pode me encontrar no Hospital de Charing Cross assim que puder?

Gina sentou-se no sofá completamente muda. Ela estava muito chocada e não conseguia responder.

– Gina, você está bem? Por favor, fale comigo – pediu Paul.

Gina respirou fundo e respondeu:

– Estou aqui, Paul. Estou bem. Já estou indo para o hospital. Logo encontro você lá.

Ela desligou o telefone antes que Paul pudesse dizer mais alguma coisa.

Nesse mesmo hospital, Charing Cross, Harriet, a mãe de Michael, havia falecido após complicações durante uma cirurgia cardíaca. Gina tinha se tornado muito próxima dela e passou pela dor de sua perda junto com Michael. E naquele momento, não conseguiu evitar a lembrança do falecimento da sogra Harriet. Um sentimento de pânico tomou sua mente. Ansiosa, ela gritou chamando Juliana.

– O que aconteceu, dona Gina? – perguntou Juliana, que estava visivelmente preocupada. – Você está pálida. Está se sentindo bem?

– O primo de Michael, Paul, acabou de ligar, dizendo que Michael está em estado grave no hospital. Eu não sei exatamente o que aconteceu. Tenho que correr para lá.

– Tem certeza de que vai dirigir nesse estado? Suas mãos estão tremendo e você está demais agitada. Não acha melhor esperar um pouco até se acalmar?

– Vou ficar bem, Juliana. Preciso ir para o hospital e vê-lo agora. Por favor, busque as crianças na escola caso eu não chegue a tempo. Há um trocado dentro do pote sobre o balcão da cozinha. Use para pegar um táxi. E, por favor, fique com o celular ligado, para que eu a mantenha informada.

"Como seria sem ele? Como eu iria criar nossos filhos sozinha?" – pensava Gina, com muito medo.

A mãe de Gina havia morrido quando ela ainda era bebê, deixando-a aos cuidados de seu pai. Sua infância tinha sido cheia de responsabilidades prematuras e desilusões. Gina cresceu sem poder descansar e brincar como as demais crianças de sua idade, já que precisava cuidar das tarefas de casa enquanto seu pai trabalhava fora. Michael foi seu primeiro amor. O medo de perdê-lo tomou conta de seus pensamentos, e lágrimas começaram a cair e a escorrer pelo seu rosto. Cenas dos bons e felizes momentos com Michael brotavam em sua mente. As lágrimas corriam em seu rosto enquanto dirigia.

Ela chegou ao hospital em menos de dez minutos e, para sua surpresa, a entrada principal já estava tomada por uma aglomeração de repórteres, equipes de TV e muitos fotógrafos. Michael, por ser um dos apresentadores de jornais mais famosos do país, despertava a atenção de todos que queriam informações sobre seu estado de saúde.

Quando saiu do carro, Gina não conseguia nem abrir os olhos em razão dos vários *flashes* que vinham das câmeras dos fotógrafos. Os repórteres e paparazzis faziam muito barulho, todos fazendo perguntas ao mesmo tempo. Em meio a toda aquela bagunça, ela pôde ouvir de longe uma voz masculina, que vinha de um dos repórteres, perguntando se era verdade que Michael tinha morrido a caminho do hospital.

– Por que você não cala a boca? – Gina gritou para a multidão de repórteres.

Em meio à confusão, ela foi amparada por Paul, que a levou para dentro do hospital.

– Sinto muito pelos repórteres aí fora, Gina – disse Paul, enquanto a levava para um canto. – A imprensa ficou sabendo sobre o Michael e está em polvorosa. A notícia está em todos os jornais e em sites de notícias.

– Como ele está? O que aconteceu? – perguntou Gina, que estava muito abalada e quase perdendo o controle. Suas mãos tremiam.

– Nós ainda não sabemos exatamente como ele está, Gina. Michael caiu da escada, e foi uma queda muito forte. Eu estava com ele quando aconteceu e ainda estou chocado.

Não pensei que seria tão grave, e quando tentei falar com ele, ele já não respondia. Entrei em pânico e chamei o serviço de resgate. Ele foi levado para o pronto-socorro, e agora estamos aqui, esperando por notícias. Liguei para você assim que cheguei ao hospital.

Paul nem tinha terminado de falar quando um médico se aproximou, interrompendo o diálogo.

O médico lentamente retirou a máscara que cobria sua boca. Naquele instante, Gina sentiu seu coração bater mais forte, trazendo-lhe péssima sensação.

– Acredito que você seja a senhora Barker? – perguntou o médico.

– Sim, sou eu.

– Meu nome é Cid Kapoor. Eu sou um dos médicos que participou do atendimento ao seu marido...

– Como ele está, doutor? Eu já posso vê-lo?

– Seu marido sofreu traumas graves. Ele teve uma lesão cranial, por consequência, seu cérebro foi muito afetado e houve uma grande hemorragia interna.

O médico respirou profundamente e continuou.

– Sinto muito em lhe informar, mas ele não resistiu.

– Nãooo! – Gina gritou em completo desespero. – Não! O meu marido não... ele não pode partir.

Desesperada, Gina foi ao chão, e com as mãos cobrindo o rosto desabou a chorar sentidamente.

Paul ajoelhou-se e abraçou Gina bem forte. Gentilmente, colocou o rosto de Gina sobre o seu ombro. Então, Paul olhou para o médico e pediu-lhe que os deixasse a sós. Gina chorava desesperadamente enquanto Paul acariciava a sua cabeça.

Após alguns instantes abraçados no chão do hospital, Paul ajudou Gina a se levantar e a levou até um sofá próximo. Gina estava inconsolável. Segurando a mão dela, Paul respeitou a dor que ela sentia, permanecendo em silêncio absoluto. Minutos depois, o silêncio dos dois foi interrompido por dois oficiais de polícia que se aproximaram de Paul, pedindo a sua atenção. Paul os acompanhou até o canto do saguão onde estavam e foi, então, que um dos oficiais o intimou a comparecer até a delegacia para prestar depoimento e esclarecer detalhes sobre o acidente.

Momentos antes, na sala de cirurgias

Michael sentiu estranho frio na barriga. Ele podia ver os médicos e enfermeiras ao seu redor e, então, teve uma sensação inusitada. Percebendo seu corpo muito leve, ele tentou se mover, contudo sentiu forte tontura.

– Desculpem, doutores, mas preciso voltar para o estúdio de TV, para me aprontar para entrar no ar! Não posso ficar aqui...

De repente, a imagem de Gina veio à sua mente. "Oh! Meu Deus! Gina deve estar muito preocupada", pensou. "Preciso lhe dizer que estou bem. Espero que ninguém tenha ligado para ela e contado que estou no hospital. Eu sei que ela entraria em pânico se soubesse que vim parar aqui."

Ele tentou mais uma vez se levantar da cama do hospital, mas sem sucesso. Sentia-se confuso. Subitamente, a sala de operações foi tomada por luz brilhante muito intensa que lhe transmitiu uma forte onda de paz. Dentre todos os médicos e enfermeiras da sala, uma mulher, de braços estendidos, veio em sua direção. A mulher sorria com ternura.

– Olá, filho – ela disse em tom de voz bem suave e baixinho, que soou como um suspiro em seus ouvidos. – Michael, meu querido, nós estamos juntos de novo!

Michael não conseguia assimilar o que se passava. Naquele momento, todos os médicos e enfermeiras começaram a correr ao seu redor, com equipamentos. Todos eles circundavam seu corpo com instrumentos médicos, mas ele não podia mais ouvi-los. Michael pôde ver somente quando o desfibrilador foi colocado sobre seu peito. Em questão de segundos, silêncio absoluto se fez na sala cirúrgica, pelo menos para os seus ouvidos. Aos poucos, a imagem dos médicos e enfermeiras foi se desvanecendo, e tudo que Michael podia ver era somente a mulher que estava ali ao seu lado.

– O que está acontecendo? – gritou Michael, sentindo-se extremamente ansioso.

– Doutores, vocês conseguem me ouvir? – ele esbravejou.

– Eles não podem mais ouvi-lo, Michael. Você já fez a passagem...

Michael sentou-se na cama. A sala estava cada vez mais iluminada. A mulher segurou suas mãos com suavidade e ternura.

– Você desencarnou – ela disse. – As ligações que uniam sua alma ao seu corpo se romperam. Você não está mais conectado ao seu corpo físico. Vou levá-lo de volta à sua casa agora, filho. Feche seus olhos e não pense em mais nada.

Mantenha sua mente relaxada. Posso garantir que Gina e as crianças vão ficar bem. Neste momento, eles estão sendo apoiados pelos seus amigos espirituais. Feche seus olhos e confie em mim, você está seguro.

– Nãooooooo! – Michael gritou desesperado. – Eu não quero partir, não quero!

A sala tornou-se ainda mais iluminada, como se uma explosão de luz e calor tomasse conta de seu espírito. A luz brilhante transformou-se em um amálgama de cores, e ambos deixaram a Terra.

As Torres

Tempos depois...

Michael acordou sentindo-se estranho, como se tivesse dormido por muito tempo. Confuso, sentou-se na cama e deu uma olhada ao redor do quarto. O quarto era muito espaçoso e estava mobiliado com móveis feitos de um material que lembrava madeira maciça. Havia pinturas de paisagens e quadros de flores nas paredes. O quarto tinha um pé-direito bem alto e paredes brancas, e estava perfumado com uma mistura de jasmim e lavanda. Sentindo-se muito confuso, ele se levantou e caminhou em direção à porta.

"Tenho que sair deste hospital", pensou.

Michael andou até a porta, abrindo-a.

"Tenho que voltar para casa e ver Gina e as crianças; eles devem estar muito preocupados comigo."

Quando ele saiu do quarto, deparou-se com um amplo corredor decorado com pinturas florais, semelhantes àquelas presentes em seu quarto. Havia portas de madeira alinhadas, próximas umas das outras, ao longo de todo o corredor que parecia não ter fim. Tentou abrir as portas, uma a uma, mas estavam todas trancadas. Quanto mais ele insistia em abrir as portas, mais ansioso e assustado ficava. Correndo pelo corredor, Michael gritava, pedindo ajuda. E ao bater, insistentemente, em diferentes portas, chegou à exaustão. Passado certo tempo, já sem energia, ele caiu ajoelhado. Pôs-se então a chorar, desesperadamente, perdendo o fôlego.

– Harriet! – exclamou Mateo. – Michael acordou. Ele precisa de você, minha querida.

– Mateo – disse Harriet –, estou tão preocupada pelo fato de Michael não aceitar esta nova realidade; ele ainda está tão ligado à vida material, e principalmente à Gina.

– Acalme-se, querida. Você sabe que todos nós passamos por isso em algum momento de nossa existência. A passagem não é fácil para muitos de nós. Alguns de nós trazemos as mesmas feridas que adquirimos na última experiência de vida e, uma vez que você retorna, leva algum tempo para esses ferimentos se curarem. Ele ficará bem, minha querida. Agora, vá ajudá-lo, meu amor. Encontrarei vocês dois depois.

Harriet fechou os olhos e viajou com a velocidade da luz até o corredor onde Michael estava. Assim que chegou ao corredor, encontrou-o de joelhos no chão, chorando descontroladamente. Aproximando-se dele, Harriet ajoelhou-se também e o abraçou com ternura.

– Filho, estou aqui com você. Não fique com medo.

– Mãe? É você mesmo? – chacoalhando sua cabeça de um lado para o outro, totalmente desnorteado. – O que está acontecendo comigo? Onde estou? Como posso vê-la e estar falando com você? Você morreu, lembra?

– Você esteve adormecido por um tempo. Acontece com alguns de nós quando voltamos para o mundo espiritual. Seu espírito ainda está cansado da jornada anterior na Terra, e agora você está se acostumando com seu lar novamente. É normal achar as coisas confusas e ficar assustado.

– Onde estou?

– Você está agora em uma casa de repouso feita especialmente para os espíritos desencarnados, quando voltam para a pátria espiritual.

– Então, é verdade? Eu estou morto? – questionou Michael enquanto se soltava dos braços da mãe.

– Não diga isso, por favor, você não está morto. Nós nunca morremos, Michael. Nós evoluímos e nos tornamos espíritos melhores, mas nunca morremos. Nossa existência é infinita. Não fomos criados para morrer, mas para evoluir e progredir, para nos tornarmos espíritos puros.

Michael começou a chorar ainda mais, cobrindo seu rosto com as mãos. Sentia-se muito confuso e com muito medo.

– Por quanto tempo eu estive dormindo? – perguntou Michael, após ter se recomposto.

– Nós não calculamos o tempo aqui do mesmo jeito que se faz na Terra. Aqui nós não nos preocupamos com o tempo, porque aqui sabemos que a vida é infinita. Mas, se faz bem para você saber, na Terra já faz meses que você partiu.

Michael, sentindo-se muito emocionado, segurou fortemente na mão de Harriet e em seguida beijou seu rosto.

– Senti tanto sua falta, mãe. Você fez muita falta... – Michael parou de chorar, mas ainda havia muitas lágrimas em seus olhos. Por que eu não me lembro de nada disso? Por que eu só consigo me lembrar da Gina, de meus filhos e de meu trabalho? Para mim, aqui, agora, nada disso faz sentido. Não me recordo de ter vivido nesse mundo que você chama de espiritual e muito menos de ter vivido outras vidas.

– Há uma razão para que você não consiga se lembrar das coisas agora, Michael. Seu retorno ao mundo espiritual ainda é muito recente. Com o tempo, você vai recuperar sua memória espiritual, e aí todas as suas experiências de vidas passadas na Terra e suas experiências espirituais virão à tona. Quando esse dia chegar, você conseguirá entender tudo que aconteceu com você e com seus entes queridos durante essa recente experiência na Terra. O tempo é o melhor professor. Confie em Deus e em Seu tempo de agir. Todos os acontecimentos em nossas vidas acontecem na hora certa.

Abraçando-se, Harriet e Michael deixaram o corredor onde estavam, transportando-se no mesmo instante para um campo coberto de flores e de muitas árvores.

– Dê uma olhada, filho. Esse é nosso lar espiritual – disse Harriet com sorriso maternal.

– Animado, Michael olhou ao seu redor a fim de apreciar o lugar que acabara de redescobrir. O ar era fresco, de um jeito que ele nunca tinha sentido antes. O céu era azul e muito brilhante também. Havia pássaros e borboletas pelo céu. No centro desse campo havia um edifício impressionante e imponente, com torres altas que pareciam muito com as de um castelo medieval. A construção era cercada de árvores bem altas, com galhos finos e compridos. O lugar era muito iluminado como se raios de sol estivessem brilhando lá também, mas com muito mais intensidade. Havia vários grupos de espíritos, alguns sentados na grama, outros caminhando e conversando. Alguns indivíduos estavam sozinhos, parecendo meditar, e muitos outros estavam em grupos, fazendo diferentes tipos de atividades. Diversos animais podiam ser vistos. O lugar transmitia energia de muita paz. Próximo ao portão alto do castelo, estava Mateo esperando por eles debaixo de uma árvore.

– Oi, Michael. Seja bem-vindo de volta à sua casa – disse Mateo sorrindo.

– É um prazer conhecê-lo, Mateo – respondeu Michael. – Desculpe-me por eu não lembrar quem você é e não me recordar deste mundo. É tudo muito novo e confuso para mim.

– Você não tem que se desculpar. Vai se lembrar de tudo na hora certa – respondeu Mateo com sua voz serena.

– Então, este é o paraíso? – perguntou Michael, ainda olhando encantado pelo lugar.

Harriet e Mateo sorriram diante da pergunta inocente. Eles se sentaram na grama e convidaram Michael a se juntar a eles.

– Sim, filho – explicou Harriet. – Aqui é uma das diversas Colônias do mundo espiritual. Há várias Colônias e todas elas são bem diferentes. Aqui é onde você vivia antes de reencarnar para a sua mais recente experiência na Terra. Esta Colônia é chamada de As Torres, e recebeu esse nome por causa das torres do castelo.

– Então, este castelo é uma réplica dos castelos medievais na Terra? – perguntou Michael.

– Não, não – respondeu Mateo, que passou a se comunicar de um jeito bem didático, semelhante àquele suave e calmo de Harriet. Os castelos que foram construídos na Terra, como todos os demais edifícios, foram na verdade construídos através da inspiração de espíritos de ordem elevada, com a intenção de replicar na Terra algumas das maravilhas do mundo espiritual.

– E como são as outras Colônias?

– Uma é muito diferente da outra. Cada Colônia reflete o nível de elevação espiritual dos espíritos que nela habitam...

– Então, você quer dizer que a Terra não é o único planeta habitado?

– Claro que não. Imagine que desperdício da energia de Deus seria, se Ele houvesse criado todo o universo, mas apenas um dos pequenos planetas tivesse o privilégio de ser habitado! Quanta vaidade pensar que uma pequena esfera seja o único lugar a ser habitado por seres racionais. Há vida em qualquer espaço no universo, e eu posso garantir a você que cada planeta e cada espaço, neste universo infinito, é habitado por seres vivos que trabalham conforme os objetivos da Providência Divina.

– Desse modo, todos os planetas são semelhantes à Terra?

– Não, filho. Todos diferem muito uns dos outros. Todos eles são preparados para receber e servir aos seres que os habitam, de acordo com suas diferentes organizações e diversos graus de evolução. Planetas diferentes têm diferentes fontes de energia e diferentes tipos de matéria. Há planetas mais avançados, que são o lar de espíritos elevados e puros, e há os lugares menos avançados, para os espíritos que ainda são muito primitivos.

– Você quer dizer que nós temos que encarnar várias vezes, e em cada uma dessas vezes encarnamos em um planeta diferente?

– Nós reencarnamos diversas vezes. Tantas quantas forem necessárias para que possamos atingir nossa perfeição.

– E nós podemos visitar a Terra e os nossos entes que lá estão?

– Alguns espíritos, assim iguais a nós, que não estejam entre os encarnados, podem visitar a Terra sim, e outros planetas para atender a uma missão ou até mesmo para visitar amigos queridos que ainda estejam enfrentando o sofrimento da existência corpórea...

Michael ficou mais tranquilo com essa afirmação, contudo interrompeu Mateo e perguntou:

– Então, você quer dizer que nós podemos voltar à Terra para visitar nossa família?

– Todos nós podemos ir à Terra e a outros planetas dependendo do grau de nossa elevação e do nosso objetivo. Fazemos isso por razões diferentes. Vamos para fazer visitas ou para verificar como estão nossos entes queridos durante suas experiências na Terra, e para lhes dar vibrações de amor e de coragem para continuarem fortes e motivados em sua existência corpórea. Nós também vamos à Terra em missões para auxiliar aqueles espíritos sofredores que se arrependeram de todo o mal que praticaram e oram ao Pai Celestial por sua misericórdia e seu amor divino, pedindo auxílio e força para continuarem firmes em suas missões.

– Tenho boas notícias para você – disse Harriet sorrindo. Eu sei que você está ansioso por saber notícias de Gina e das crianças, e nós, Mateo e eu, vamos levá-lo para vê-los.

Quando Michael ouviu o nome de Gina, seus olhos se encheram de lágrimas e ele foi tomado por um sentimento de tristeza. A experiência toda havia sido bem exaustiva e ele ainda não compreendia tudo que estava acontecendo com ele.

– Nós precisamos avisá-lo – explicou Mateo em calmo tom de voz – de que quando estivermos na Terra você não poderá gerar nenhum tipo de energia negativa. Você precisará ter sempre em mente que já não faz mais parte daquele ambiente e sua vida agora é aqui, no mundo espiritual. Quando estiver na Terra, tente concentrar-se em pensamentos de paz e amor e ser muito cuidadoso para não se deixar levar por sentimentos tristes, porque nossa energia pode afetar positivamente ou negativamente aqueles que estiverem ao nosso redor, e você poderá causar muito desconforto se isso acontecer. Então, nesse caso, você será trazido imediatamente de volta. Combinado?

– E eles conseguirão me ver ou falar comigo? – perguntou Michael, ansioso.

– Creio que não, meu filho – respondeu Harriet com suas mãos nos ombros dele. – Eles estão em uma dimensão diferente da nossa. Meu filho, essa primeira visita à Terra poderá ser muito difícil para você, caso se desequilibre emocionalmente. Então, por favor, lembre-se de que precisa ser forte e manter seus pensamentos elevados a Deus.

Os três deram-se as mãos e deixaram a Colônia As Torres.

Enquanto isso na Terra...

– Vamos, garotos, deixem-me prender seus cintos de segurança.

Com grande esforço, Gina tentava ajeitar seus filhos no assento traseiro do carro. Os três faziam muita algazarra e não paravam quietos.

– Nós vamos ver as girafas, os macacos... – disse Gina às crianças.

– E o leão, mamãe? – gritou Kit, com seus olhos azuis arregalados de tanta alegria e ansiedade, ao mesmo tempo em que puxava o cabelo de sua irmã Grace.

– Sim, querido, o leão estará lá também! Agora pare de puxar o cabelo da Grace, por favor!

Após trancar as portas de trás, Gina sentou-se no assento de passageiro na frente e olhou com alívio para Paul.

– Estou muito feliz por você estar aqui, Paul. Não sei se conseguiria sozinha com essa turminha hoje. Eles não param um segundo sequer...

– Não tem sido fácil para você, não é mesmo? – perguntou Paul, que estava no banco do motorista pronto para dar a partida no carro.

Ele rapidamente segurou as mãos dela antes de continuar.

– Você sabe que Michael, além de meu primo, era também meu melhor amigo e eu faria qualquer coisa para ajudar você e as crianças.

– Eu nem consigo imaginar como teria sido sem a sua ajuda, sem a ajuda da minha amiga Isabel e da Juliana. Vocês têm sido anjos em minha vida.

Gina parecia estar muito cansada. Ela tinha olheiras, e sua pele parecia pálida. As crianças estavam discutindo no banco traseiro. O mais novo, Kit, chorava bem alto enquanto Harry e Grace se puxavam os cabelos. Gina intervinha de tempos em tempos e estava visivelmente estressada. Naquele momento, Paul colocou sua mão sobre a dela e a segurou, tentando oferecer apoio.

Eles chegaram ao zoológico de Londres depois de quarenta minutos. Quando as crianças saíram do carro, elas pareciam incontroláveis. Agitadas, corriam para diferentes lugares, o que deixava Gina ainda mais exausta. Depois de muita agitação, ela conseguiu controlar os pequenos. Fazendo gestos teatrais, imitando os animais, Paul conseguiu, aos poucos, chamar atenção deles, contando fatos curiosos sobre os diversos animais. Ele os manteve quietos por algum tempo fazendo caretas enquanto contava histórias acerca dos animais.

– Pode relaxar, Gina – disse Paul –, eles estão entretidos com os gorilas agora. Você parece cansada. Posso ver que as crianças e as tarefas de casa estão levando-a a uma crise nervosa. Você precisa se cuidar – isso não é bom para você.

– Obrigada, Paul. Tem sido um momento difícil. Estou tentando equilibrar o trabalho que estou fazendo *freelance*[1], a casa e as crianças, além do fato de eu ainda sentir muito a falta do Michael – Gina ajeitou o cabelo sobre os ombros e continuou:

– Eu ainda não tive o tempo necessário comigo mesma para digerir e superar o que aconteceu com ele. Harry continua perguntando a respeito do seu pai, assim também Grace e Kit, embora Harry seja o único que realmente entenda que seu pai não vai voltar mais.

No entanto, o que Gina e Paul não sabiam é que Michael estava ali, ao lado deles, acompanhado por Harriet e Mateo. Michael soltou uma lágrima quando ouviu Gina mencionar seu nome e o período triste pelo qual estava passando. Ele sabia que Harry era o mais próximo dele, e o mais parecido também. Harry estava sempre dizendo a todos que, quando crescesse, seria um jornalista igual a seu pai. Michael começou a se lembrar de todos os

---

1. Trabalho freelance – trabalho temporário, sem contrato com uma empresa.

bons momentos que tivera com os filhos e a esposa e imediatamente foi tomado por grande tristeza.

– Posso ver como Harry deve estar chateado com minha ausência – disse Michael para Harriet e Mateo, com lágrimas em seus olhos. Naquele momento, Gina pôde sentir toda a vibração negativa vinda de Michael e passou, então, a se sentir muito vulnerável. Seus olhos se encheram de lágrimas. Afetada pelas vibrações de Michael, ela não conseguiu conter as suas emoções e começou a chorar.

– Você está bem, Gina? – perguntou Paul, preocupado, segurando suas mãos.

– De repente bateu uma tristeza. Estou sentindo tantas saudades dele.

Gina já não conseguia mais nem falar, pois estava completamente tomada pela forte emoção.

Paul a abraçou e a confortou, dizendo que estaria ali para qualquer coisa que ela e as crianças precisassem, e que ela não deveria mais se preocupar, pois ele a ajudaria com o que fosse preciso.

Quando Paul abraçou Gina, a tristeza de Michael transformou-se instantaneamente em raiva, e ele começou a gritar com Paul.

– Saia! Largue a minha esposa. Fique longe dela! Nunca confiei em você, e agora consigo perceber o porquê... você é um traíra, sabia que não podia confiar em você. Viro as costas por um tempo e aqui está você dando em cima da minha esposa. Saia de perto dela.

Conseguindo sentir a raiva vinda de seu pai, Harry olhou para Paul com ódio, tornando-se violento, chutando-lhe em seguida a perna.

– Largue minha mãe! – o pequeno Harry gritou. – Nem ouse abraçar minha mãe!

O rosto de Harry ficou vermelho e ele continuou a chutar a perna de Paul com força.

– Você não é meu pai – ele gritou ainda mais alto. – Fique longe dela!

Naquele momento, Kit e Grace, vendo o comportamento de seu irmão, começaram a chorar.

– Pare de chutá-lo, Harry – pediu Gina, tentando controlar as outras duas crianças ao mesmo tempo. – Isso não é legal. Você está aborrecendo Grace e Kit. Pare já.

Invisível aos encarnados, Michael, ainda sentindo forte raiva, gritava muito alto mandando Paul se afastar de Gina. Seu filho, Harry, totalmente envolvido por suas vibrações negativas, gritava ao mesmo tempo:

– Eu não quero que você a abrace. Fique longe dela!

Nesse momento, Harriet e Mateo seguraram nos braços de Michael, tentando acalmá-lo.

Quanto mais Michael gritava, mais Harry captava a sua vibração e igualmente gritava, e a situação piorava.

– Vamos voltar – disse Mateo, ainda segurando nos braços de Michael.

Em seguida, Mateo e Harriet decidiram levar Michael de volta à Colônia As Torres.

Demorou um tempo até que Gina acalmasse Grace e Kit, que estavam chorando e gritando por causa do comportamento agressivo de Harry. Gina desculpou-se com Paul, e disse que seria melhor voltarem para casa.

No caminho de casa, Gina, insistentemente, se desculpava com Paul. Quando chegaram à casa de Gina, ela lhe agradeceu pelo passeio e pediu desculpas mais uma vez pelo incidente.

– Não se preocupe, Gina, é compreensível. Eles ainda estão muito frágeis e sentem muita falta de Michael. Talvez eu não devesse ter abraçado você na frente deles. É melhor eu voltar para casa e trabalhar um pouco.

De volta à Colônia Espiritual

– Não consigo aceitar! Paul não vai se aproximar de minha família! Não vou deixar aquele canalha ficar perto da minha mulher.

Michael ainda estava muito bravo e agitado.

– Você precisa se acalmar, filho – disse Harriet com sua autoridade de mãe. – Não é você quem tem de decidir isso. Ninguém tem o direito de interferir no livre-arbítrio dela ou de outro alguém. Michael, meu filho, seus pensamentos e sentimentos podem afetar quem está à sua volta, principalmente nesse momento em que Gina e as crianças estão tão vulneráveis após sua partida. No momento em que você ficou chateado e começou a chorar, Gina e as crianças sentiram suas vibrações negativas e isso lhes causou muita aflição.

– Então, você está querendo dizer que eles sabiam que eu estava lá? – perguntou Michael, ansioso.

– Não, eles não sabiam que você estava lá, mas eles conseguiram sentir sua energia carregada de raiva e negatividade. Algumas pessoas são tão vulneráveis que acabam se abrindo para energias estranhas, e foi o que ocorreu nesse caso. Gina e seus filhos, principalmente Harry, estão muito sensíveis agora, o que os deixa facilmente influenciados por todos os tipos de energias negativas, assim como aquela que você carregava junto com você. Talvez, se eles estivessem em um momento diferente de suas vidas, envolvidos em pensamentos felizes e positivos, nenhuma energia negativa externa os teria influenciado, já que estariam protegidos. Gina agora está muito deprimida e tomada por pensamentos pessimistas, o que infelizmente atrai ao seu redor mais negatividade e espíritos menos elevados e sofredores, que se encontram na mesma vibração negativa.

Sentindo-se um pouco constrangido, Michael respirou profundamente e permaneceu quieto por um instante.

– Você mencionou espíritos menos elevados – disse ele subitamente. Eles também conseguem visitar a Terra?

Mateo notou que Michael estava se acalmando, e aproveitando o momento em que sua raiva se dissipava, ele segurou sua mão com ternura.

– Sim – respondeu Mateo. – Não apenas os "espíritos mais elevados" podem visitar a Terra. Há bastantes espíritos sofredores, que são espíritos ainda muito apegados à matéria, que escolhem ficar ligados ao mundo material mesmo após desencarnarem. A Terra é um mundo de expiação, de testes e provas, onde o mal ainda prevalece. O nível de energia negativa e a vibração baixa acabam por fazer com que tais espíritos atraiam companhias espirituais na mesma faixa vibratória, o que lhes traz ainda mais infortúnios. Esses espíritos carregam energia muito pesada e se encontram em uma faixa de vibração bem baixa, e com isso trazem mais desgraça e infortúnios para suas vidas. São espíritos que se recusam a evoluir e a entender a verdadeira razão de suas existências. Permanecem conectados à Terra por diversos motivos: vícios de modo geral, como substâncias tóxicas, riqueza material, paixões obsessivas, vaidades, desejo de vingança, independentemente do motivo, voltado a alguém encarnado – um comportamento que denota o quanto tal espírito está escolhendo atrasar o seu progresso.

Mateo percebeu Michael muito confuso após tantas informações. Logo, pararam em uma casa contornada por um jardim repleto de muitas flores. A casa era construída de tijolos vermelhos, tanto a porta de entrada quanto as janelas eram de cor branca. A casa era muito parecida com as casas típicas inglesas.

– Filho, esta é a casa que você morava aqui na Colônia anteriormente. Ainda que você não consiga se lembrar de nada anteriormente à sua última experiência na Terra, tenho certeza de que quando você entrar se sentirá confortável, e estar em casa o ajudará a recuperar sua memória espiritual, além de trazer muita paz e harmonia para o seu coração.

Percebendo a intenção de Michael em fazer uma pergunta, Mateo lhe deu alguns conselhos deixando-o mais seguro.

– Dê a si mesmo o tempo para digerir toda essa informação. Tudo acontece no tempo certo, Michael. O tempo é um remédio muito eficaz para todos os nossos males. As situações que hoje nos afligem e nos tiram o sossego, amanhã, quando olharmos para trás, veremos que eram apenas lições de vida para nos deixar mais fortes e sábios. Agora vá e descanse.

Michael, ao mesmo tempo que se sentia curioso, não deixava de pensar em Gina e em seus filhos. A pergunta que ia fazer acabou escapando de sua boca, embora intimamente ele já soubesse a resposta.

– Então, eu poderei visitar minha família de novo?

Peço que você confie em Deus – respondeu Harriet. – Já que por agora, é melhor que você descanse e aprenda as lições que irão te ajudar a crescer e a evoluir. É hora de pensar em você, e em mais ninguém. A propósito, Michael, eu esqueci de mencionar, tem um presente muito lindo que está lá dentro e muito ansioso para te ver. Tenho certeza de que esse presente irá te animar muito.

Eles se despediram e Michael adentrou a casa e, imediatamente, entendeu o que Mateo havia dito acerca de se sentir em seu lar. Ainda que ele não conseguisse se lembrar de ter estado lá antes, sentiu uma energia muito acolhedora e prazerosa, assim que pisou casa adentro. Era uma sensação de leveza e satisfação, como se ele estivesse no lugar mais relaxante do mundo, aquela sensação que todos sentimos quando voltamos para casa, após um dia de muito trabalho.

Havia um aroma muito fresco no ar. Ele explorou cada canto da casa, entrando em todos os cômodos e analisando todos os pormenores. A casa era parecida com uma casa na Terra, apesar de ser muito mais bem elaborada em seus detalhes. A casa era toda pintada em tons pastéis.

Havia um belo jardim na entrada e outro jardim no quintal. O jardim dos fundos era muito maior que o jardim da entrada. Era repleto de árvores frutíferas e roseirais. Para sua surpresa, quando ele abriu a porta que levava ao jardim dos fundos, um cão labrador pulou nele, todo empolgado e abanando o rabo para expressar toda sua alegria ao rever seu antigo companheiro.

– Oh! Meu Deus! Rufus, é você?

O cão latiu bem alto e ficou rodeando Michael, pulando nele a todo instante.

Rufus tinha sido o cachorro de Michael quando ele era criança. Foram companheiros durante toda sua infância e adolescência. Rufus morreu bem velhinho, quando Michael tinha dezoito anos. Eles eram companheiros muito próximos. Michael lembrou naquele momento da manhã de Natal em que acordou e recebeu de presente de seus pais um pequeno filhote de labrador. O pequeno filhote tinha o pelo dourado e uma fita vermelha com um laço. No mesmo instante em que segurou o pequeno filhote pela primeira vez, ele o chamou de Rufus.

– Não consigo acreditar que é você! Rufus, meu amigão!

Michael o abraçou, deitou sua cabeça sobre a de Rufus e deixou cair uma lágrima. Aquele era realmente um presente muito especial. Rufus esteve presente e foi seu companheiro em momentos especiais de sua vida: quando, por exemplo, a menina por quem era apaixonado lhe dera um beijo no rosto durante o recreio, e Michael todo feliz chegou em casa saltitando e contando para Rufus sobre o evento. O cachorro também esteve ao seu lado em momentos difíceis, quando, aos dezessete anos de idade, recebeu a notícia do falecimento de seu pai. Triste, Michael passou dias de cama, abraçado a Rufus.

– Senti tanta saudade de você. É tão bom vê-lo de novo, meu amigo!

Michael brincou no jardim com Rufus por um bom tempo. Depois de muito brincar com Rufus, quando se sentiu cansado, sentou-se na grama debaixo de uma das árvores e adormeceu.

Liverpool – 1822

Liverpool, Inglaterra, 1822.

– Não posso casar com ele, pai. Você precisa acabar com esse acordo – disse a jovem de cabelos longos e castanhos, com bastante firmeza na voz.

– Não ouse elevar sua voz para mim, mocinha. Vou te dar uma surra e te ensinar a me respeitar, se for preciso! Uma mulher precisa saber como falar com um homem.

Assim que terminou a frase, o Sr. William, com a mão direita, deu um soco forte na mesa de madeira, que gerou um barulho muito forte. E em seguida, jogou um garfo em direção à sua filha que só não a acertou no rosto porque ela foi rápida e desviou do objeto que voou certeiro em sua direção.

– Felicity – ele esbravejou –, esse homem é nossa chance de ganhar dinheiro novamente! Ele será seu marido e você não tem escolha. Eu já decidi, você irá se casar com ele.

Os olhos azuis da jovem se encheram de lágrimas ao que ela lhe implorou:

– Ele tem crianças muito novas trabalhando na tecelagem dele, pai, e todos sabem das péssimas condições sob as quais elas têm de trabalhar; eu vi com meus próprios olhos. As condições em que aquelas pobres crianças têm de trabalhar e viver são perigosas e desumanas. Elas são tratadas feito animais. Percebi uma pequena garota que devia ter uns cinco anos, no máximo; ela tinha o olhar mais triste que eu já vi em minha vida. Era como se ela estivesse me pedindo ajuda em silêncio. Eu não conseguiria viver com um homem daquele; você sabe como eu me sinto a respeito do trabalho infantil...

Antes que ela terminasse a frase, seu pai a interrompeu e a pegou violentamente pelos braços.

– Ora, Felicity. Que história é essa? Crianças pobres foram feitas para trabalhar e servir a sociedade. A tecelagem da família Worley não é a primeira e nem a última em nosso país a utilizar o trabalho de crianças. Além do mais, eu não me importo se as crianças na fábrica estão saudáveis ou não. Não ligo se ele bate nos pobres pequenos demônios ou não! Aquele homem é nossa salvação, Felicity; ele é o caminho para sairmos da miséria em que nos encontramos.

Ainda segurando sua filha e olhando firmemente em seus olhos, o velho homem a chacoalhou violentamente e, com força, a sentou na cadeira que ficava próximo à mesa.

– Amanhã o Senhor Worley estará aqui com seu filho Peter às sete horas da noite, e seu filho vai me pedir permissão para se casar com você. Você vai descer de seu quarto para a sala de estar e dará um sorriso para o senhor Worley e para seu filho, e dizendo o quanto se sente orgulhosa e honrada com a novidade. Não quero ouvir nem mais um pio sobre esse assunto.

O velho homem pegou sua garrafa de bebida alcoólica e saiu da sala. Assim que seu pai deixou a sala, Felicity, deslizando da cadeira, foi de joelhos ao chão, e chorando fez uma prece.

Naquele mesmo instante, a sala foi tomada por uma luz que iluminou todo o ambiente. Dois homens, que eram invisíveis aos olhos de Felicity, aproximaram-se dela e ambos colocaram suas mãos sobre a cabeça dela, e em silêncio começaram a orar. Embora Felicity não pudesse vê-los, nem perceber o quanto a sala estava iluminada, ela se sentiu mais tranquila.

– Por favor, meu Deus – ela disse olhando para cima –, esteja comigo. Me ajude a encontrar uma saída.

* * * *

No dia seguinte, Miranda, uma senhora negra que era o único membro da criadagem que continuava a trabalhar para o senhor Williams após ele ter falido, começou a limpar a casa muito cedo a fim de garantir que toda a faxina estivesse feita a tempo do jantar. O dia foi de muito trabalho para Miranda, ela fez uma limpeza ampla na casa, cuidou do jardim e preparou o jantar.

Miranda também tinha sido muito dedicada à mãe de Felicity, e quando ela ficou doente, com câncer, Miranda prometeu-lhe que cuidaria de Felicity se o pior acontecesse.

Após o falecimento da mãe de Felicity, o senhor Williams começou a beber mais que o habitual, e também tornou-se viciado em apostas. Ele perdeu todo o seu patrimônio em jogos de azar, exceto a casa onde a família morava. Os demais criados, cansados de ser agredidos verbalmente pelo senhor Williams e descontentes com a falta de pagamentos pelo seus serviços, o deixaram. Miranda foi a única das serviçais que ficou, não para servir o senhor Williams, mas em cumprimento à promessa feita à mãe de Felicity. Ela se importava com a menina como se fosse sua própria filha.

O pai de Felicity passava a maior parte do tempo deprimido, pensando em sua própria desgraça, infelizmente ignorante ao fato de que eram suas escolhas e ações as responsáveis por seus problemas. A situação financeira havia se agravado muito com o passar dos anos e com a sua compulsão pelos vícios. O casamento arranjado entre o jovem Peter Worley e sua filha Felicity seria para ele a única oportunidade de sair da miséria.

A carruagem, trazendo a família Worley, chegou do lado de fora pontualmente às sete horas da noite. Peter Worley, seu pai e sua mãe desceram da carruagem e foram recebidos pelo senhor Williams. O pai de Peter, senhor John

Worley, era um comerciante muito rico e famoso na região. Embora ele não falasse sobre isso, todos sabiam que a parte mais lucrativa de seus negócios era o resultado de seu comércio de escravos, e a razão pela qual ele não mencionava a natureza de seus negócios não era porque não tinha orgulho deles, mas porque o comércio de escravos havia se tornado ilegal no Reino Unido, e assumir publicamente que ainda participava ativamente do comércio de escravos poderia lhe acarretar prisão.

A conversa na sala de estar era fria e formal. O noivo e a sua família pareciam impacientes, como se quisessem concluir o negócio brevemente e ir embora daquela casa repleta de sinais de abandono. O ar obsessivo era notável no rosto do jovem Peter Worley quando ele pediu para ver sua futura noiva. Apreensivo, o senhor William sabia o quanto sua filha estava relutante em se casar com esse homem, mas não tinha escolha, a não ser chamá-la em seu quarto.

O senhor William gritou pela empregada, e assim que Miranda apareceu na sala, ele ordenou que Felicity, que aguardava no quarto, fosse chamada. Felicity desceu a longa escada de madeira. Estava vestindo um vestido amarelo luminoso, seu cabelo estava enrolado e brilhante, e seu rosto estava pálido feito porcelana. Todos na sala levantaram-se para ver a jovem entrar na sala e todos elogiaram sua beleza. Felicity estava visivelmente incomodada e muito abalada. Os olhos de Peter estavam focados nela. Ele sabia da rejeição de Felicity por ele, o que o deixava ainda mais atraído por ela. Ele havia passado meses sonhando com o dia em que ela seria dele. Para

Peter, casar-se com a bela jovem que o rejeitava havia se tornado um desafio a ser ganho.

– Você estava certo, meu filho – disse John Worley, admirando-a. – Ela é linda e com certeza será uma boa esposa.

– Felicity – disse seu pai –, o jovem senhor Peter acabou de me pedir permissão para casar com você. E eu disse para ele e seus pais o quanto ficamos honrados com essa proposta.

Felicity, olhando firmemente para John Worley, perguntou:

– Posso lhe perguntar uma coisa, senhor Worley?

O homem ficou tão surpreso com a audácia da jovem, que ousava encará-lo nos olhos com determinação e dirigir-lhe a palavra, que não conseguiu sequer responder. Aproveitando o silêncio do Sr. Worley, Felicity continuou antes mesmo que ele pudesse abrir sua boca.

– É verdade, senhor Worley, que o senhor ainda envia navios à África para capturar pessoas inocentes, separando-as de suas famílias, para serem vendidas em diversos países como escravos?

Sua pergunta caiu feito uma bomba na sala. Todos pareciam chocados com a audácia da jovem.

– Você é uma garota muito burra se acha que pode me fazer uma pergunta dessas com esse seu ar petulante – respondeu o senhor Worley. – Por acaso, você tem orgulho de seu decadente e falido pai para ousar me confrontar dessa forma? Você pensa que meu filho e eu não sabemos que este casamento é a última esperança sua e de seu pai nesta vida? Este é o único jeito dele conseguir dinheiro e salvar-se de uma completa miséria. Além de estúpida, você deve estar louca para desperdiçar sua única oportunidade na vida de sair dessa miséria, com essas suas acusações.

– Nem estúpida e nem louca, apenas prezo pelo bem – ela se dirigiu a ele com determinação. – Confesso que abomino a origem da sua riqueza, suja com o sangue de milhares de inocentes, assim como agora detesto a sua pessoa. Saiba também que eu não amo seu filho, e ele sabe muito bem disso. Ele está atrás de mim há meses, mas eu deixei bem claro os meus sentimentos com relação a ele e sinceramente não entendo por que ele insiste.

O senhor William, tentando desesperadamente encontrar uma solução para toda a confusão criada por sua filha, implorou à família Worley que não fosse embora. Ele se jogou aos pés do jovem Peter, e, em posição vergonhosa, implorou:

– Por favor, por favor, não se vá. Ela vai obedecer-lhe como seu marido e será uma boa esposa. Ela vai aprender a amá-lo, tenho certeza. Nada que uma boa mão firme não ensine!

– Nós estamos partindo – disse John Worley, dirigindo-se à porta.

– Pai, espere – pediu Peter. Eu gosto dela. Gosto dela desde a primeira vez que a vi. Deixe-me casar com ela! O senhor William está certo – vou fazê-la me amar. Nem que para isso eu tenha que obrigá-la.

John Worley cedeu ao pedido do filho, concordando em negociar com o senhor Williams, sob a condição de Felicity se retirar de sua vista. Felicity deixou a sala, e todos se dirigiram para a mesa de jantar onde Miranda estava esperando para servir a comida. O senhor William e o senhor Worley negociaram o casamento e a vida de Felicity, ali na mesa do jantar, como se todos estivessem negociando a vida de um dos escravos capturados pelo senhor Worley.

* * * *

Mais tarde, após a família Worley ter ido embora, o senhor William, embriagado, foi ao quarto de Felicity e a agarrou com muita força. Ele a chacoalhou e em seguida atirou-a ao chão.

– Isso é para lhe ensinar uma lição: nunca desrespeite o seu homem novamente! Você é uma mulher, e tal qual uma mulher, você deve obedecer a seu homem.

Após aquele último insulto, ele se agachou ficando cara a cara com a filha. Agarrando seus cabelos, ele ergueu sua cabeça e desferiu um tapa em seu rosto. Após o tapa, o velho deixou o quarto tropeçando pelo caminho.

Felicity permaneceu no chão, com as mãos cobrindo o rosto, chorando copiosamente. Após verificar que o Sr. Williams tinha se recolhido aos seus aposentos, Miranda foi até o quarto de Felicity e sentou-se no chão ao lado dela. Gentilmente, ela segurou a cabeça da jovem e a posicionou em seu colo. Acariciando o cabelo de Felicity, Miranda cantou uma bela oração em um dialeto africano.

* * * *

Não longe da casa dos Worley, havia um orfanato administrado por uma senhora chamada Beatriz, e seu filho. Seu marido falecera cinco anos após terem se casado, deixando-a com seu filho Jonathan. Embora o marido houvesse lhe deixado muitos bens, Beatriz nunca se rendeu ao estilo de vida luxuoso que toda sua fortuna poderia ter proporcionado a ela e ao seu filho. Beatriz era uma mulher muito especial, cheia de energia, e estava sempre à procura de se instruir, aprender coisas novas. Quando seu marido faleceu, Beatriz foi contra todos os costumes daquela época e passou, então, a ajudar os pobres. Aplicou sua riqueza em obras de caridade, e com o dinheiro deixado pelo seu marido, Beatriz decidiu transformar a mansão em que vivia com o filho em um orfanato e amparar as crianças pobres que viviam na região. A casa era enorme, de modo que conseguia acomodar facilmente as crianças e atender às suas e às necessidades de seu filho. No orfanato, além de um lar para morar, as crianças recebiam tratamento médico e tinham aulas.

Naquela época, devido à Revolução Industrial e ao aumento do número das indústrias, havia muitas crianças executando trabalho pesado em fábricas por todo o Reino Unido e também pela Europa. A cidade de Liverpool, no noroeste da Inglaterra, sendo uma das cidades mais ricas da Europa, naquela época, tinha um grande número de crianças vivendo na pobreza e sofrendo de alcoolismo e de doenças em consequência de suas pobres condições de vida. Era comum ver crianças bem novas, a partir dos quatro anos de idade, trabalhando em fábricas, por várias horas ao dia, seis dias por semana.

Beatriz havia criado seu filho Jonathan com a melhor educação, e ele havia se tornado um homem alto, bonito, com princípios e valores parecidos com os de sua mãe. Jonathan tinha acabado de se formar em medicina pela Universidade de Cambridge, na Inglaterra. Quando ele voltou à cidade de Liverpool, após concluir seus estudos, comprometeu-se a ajudar sua mãe com o orfanato. Ambos levavam uma vida simples e de caridade, assistindo às crianças pobres da região com muito amor. Jonathan era muito dedicado à sua mãe, e participou de todas as etapas do projeto do orfanato, bem como permaneceu fazendo seu próprio trabalho na função de médico, no hospital local.

– Bom dia, filho – disse Beatriz.

Jonathan havia acabado de se juntar a ela na mesa para o café da manhã. Uma senhora idosa usando um uniforme estava servindo a mesa.

– Bom dia, mãe. Você está muito bonita, como sempre! – sorrindo para a empregada que servia o café, disse:

– Bom dia, Ofelia, como você está hoje?

A velha senhora, que era uma das várias empregadas da casa, sorriu para ele e respondeu que estava bem, agradecendo a atenção. Ela lhe serviu o café e voltou para a cozinha.

Beatriz estava lendo o jornal, e uma história em particular lhe chamou a atenção.

– Jonathan, meu filho, ouça isso: "Dez crianças morreram na última semana na fábrica do senhor Worley. Elas foram encontradas com vários sinais de desnutrição e de tratamento violento". Estou indignada. Alguém tem de parar esse homem. Essa brutalidade contra crianças deve acabar e já.

Ela entregou o jornal a seu filho, que continuou a ler a matéria:

– "Dez crianças morreram nesta semana na Tecelagem Worley's depois de trabalharem mais de dezesseis horas por dia, sete dias por semana. As crianças tinham cicatrizes por todo o corpo, o que provavelmente indica que eram maltratadas na empresa..."

Jonathan largou o jornal na mesa, com raiva.

– Trabalhando dezesseis horas por dia? Sinto tanta raiva que parece que meu coração irá saltar pela boca! Todos nesta cidade sabem das atrocidades contra crianças na fábrica, mas por causa do dinheiro e do poder dos Worley ninguém faz nada para pará-los. Um absurdo, minha mãe. Um absurdo!

– Eu sei, filho. Sinto o mesmo, embora infelizmente essa seja a realidade cruel de nossa sociedade. Com todas essas novas indústrias e fábricas, abrindo e expandindo tão rapidamente, parece que o único jeito que os grandes industriais encontraram para atender a toda a demanda é utilizar essas crianças, cujos pais não podem sustentar, e por isso acabam entregando seus filhos a esse trabalho tão cruel. Ninguém parece se importar com as crianças pobres e, ao final, todas são tratadas feito escravas. O que mais dói é saber que isso esteja acontecendo aqui, debaixo de nosso nariz, e que não há nada que possamos fazer!

– Um dia eu encontrarei um modo de acabar com tudo isso. Guarde minhas palavras, mãe, eu vou encontrar!

No Templo

De repente, Michael teve uma sensação agradável. Ele podia ouvir os passarinhos cantando ao alto. Sentiu bem-estar muito parecido de quando os raios de sol aquecem o corpo. Abrindo seus olhos, percebeu que tinha dormido profundamente. Levantou-se, sentindo-se muito feliz e inspirado. Sua memória espiritual estava voltando. Seu cachorro Rufus estava ali, empolgado, pulando nele como se o quisesse acordar. Michael, então, segurou Rufus no colo e recebeu uma lambida do cachorro, que parecia estar muito feliz.

Mateo e Harriet bateram à porta instantes após Michael ter acordado. Ele correu até a porta e, assim que os viu, os cumprimentou com um grande sorriso e em seguida os abraçou forte.

– Tive um sonho esta noite, e acho que o sonho era sobre minha vida passada... Quero dizer, nossa experiência passada.

Harriet e Mateo sorriram e o parabenizaram.

– Que ótimo, querido. Não vejo a hora de ouvir sobre seu sonho. E quanto à sua surpresa? – Harriet perguntou, olhando para Rufus. – Você está feliz?

– Sim, estou e muito – disse Michael enquanto acariciava a cabeça do cachorro.

– Os animais são enviados aos homens para ajudá-los em suas jornadas na Terra. Os homens estão certos quando chamam seus animaizinhos de estimação de grandes amigos, pois realmente o são. São presentes enviados por Deus para lhes fazer companhia e dar-lhes carinho e amor. Por essa razão, sua mãe o presenteou com a possibilidade de Rufus estar aqui neste momento, para fazer o seu retorno à pátria espiritual mais fácil e agradável – explicou Mateo.

– Vamos dar uma caminhada, filho. Você pode nos contar sobre suas lembranças enquanto andamos pelo templo – disse Harriet.

Os três iam devagar pelo caminho que levava até o templo, enquanto Harriet e Mateo prestavam total atenção à narrativa detalhada de Michael. Caminhavam por uma estrada com grandes e belas casas, e durante todo o percurso Michael contava o seu sonho.

– Saiba que não foi um sonho, Michael – disse Mateo quando já estavam prestes a chegar ao Templo. – Você realmente está vendo imagens de uma experiência passada, mais precisamente na cidade de Liverpool, em meados de 1800.

Quando chegaram, Harriet e Mateo o apresentaram a alguns amigos que se encontravam fora do templo e logo em seguida eles entraram.

O templo tinha chão revestido de mármore claro e bem brilhante que refletia os grandes lustres de cristais do teto. No centro do hall de entrada havia uma fonte de água de três níveis, construída com o mesmo tipo de mármore que o chão. Havia grupos de espíritos por toda a imponente sala e todos fizeram silêncio quando a imagem do ministro de As Torres apareceu no centro da sala, no que parecia para Michael ser um holograma.

– Aqui – disse Harriet – é onde a maior parte do trabalho de administração da Colônia é feito. Dentro do templo, nós também temos o escritório do ministro, o senado, e demais escritórios de alguns dos espíritos superiores que administram nossa Colônia.

O ministro cumprimentou a todos e começou a passar a mensagem do dia.

– *Bom dia para todos os meus queridos amigos e residentes de As Torres. A mensagem do dia é sobre liberdade, sobre o livre-arbítrio. Como todos vocês sabem, a todos nós é dado o livre-arbítrio de possuir o controle de nossas próprias ações e de decidir nosso próprio destino. Cabe totalmente a nós, como indivíduos, tomar as decisões corretas e escolher seguir o caminho certo. O caminho certo é o caminho da bondade e o do amor ao próximo, e esse caminho sempre nos leva a Deus. Quando decidimos nossas ações precisamos considerar se aquela decisão em particular irá afetar nosso espírito positivamente e nos ajudará a evoluir, e se terá um impacto positivo na vida daqueles à nossa volta. Se a resposta for sim, e aquela decisão trouxer apenas benefícios sem acarretar nenhum dano ou sofrimento, então será o caminho certo a ser seguido. Se a sua decisão for tomada com amor e for envolvida apenas de amor, então vocês estão tomando a decisão certa, pois onde existe o amor é onde mora Deus. Lembrem--se também de que, para cada ato e para cada decisão tomada, há uma consequência. Nunca se esqueçam de que não temos o direito de interferir diretamente ou indiretamente no livre-arbítrio de nenhuma pessoa. Não temos o direito de nos impor sobre nenhum indivíduo sem o seu consentimento... O amor verdadeiro respeita a liberdade e o livre-arbítrio dos outros indivíduos. Todos aqueles que tentam forçar alguma outra pessoa a ter algum tipo de sentimento viverá uma vida de mentiras, porque o verdadeiro amor é uma força poderosa que se alimenta de liberdade. Tentar ou aprisionar alguém é o mesmo que acabar aprisionando a nós mesmos em nossas próprias obsessões. Não podemos possuir ninguém, mas deveríamos sim caminhar lado a lado com as pessoas que amamos, sempre preservando o verdadeiro sentido de nossa existência, que é a individualidade do espírito.*

Como de hábito, gostaria de convidá-los para fazerem uma prece comigo:

'Deus todo poderoso, nos abençoe na medida do possível com sua divina sabedoria. Que encontremos a inspiração e o conhecimento necessários para continuar a mover nosso espírito rumo à purificação. Vão em paz, espíritos de luz'.

Assim que terminou a mensagem, e a imagem com o rosto do ministro desapareceu no ar, as pessoas começaram a deixar o templo.

– Parece que a mensagem o tocou, Michael – disse Mateo, percebendo a expressão pensativa de Michael.

– Sim, de fato. Teve muito a ver com meu sonho da noite passada, principalmente no que diz respeito às pessoas tentando intervir no livre-arbítrio de outras. Aquela garota no meu sonho teve todo seu livre-arbítrio retirado pelo pai e também pelo noivo e sua família.

Michael deu uma olhada por toda a sala antes de continuar a falar.

– Eu estou tão admirado com toda essa nova vida que eu nem sabia que existia. Por que não mantemos as lembranças do que aconteceu em nosso passado? Por que não consigo me lembrar desta Colônia, e também daquela experiência de vida em Liverpool? Não é justo!

– Sabemos que essa vida existiu – Harriet explicou. – E não julgue uma Lei Divina que você não conhece. Imagine que nossas vidas passadas sejam cobertas por um véu assim que encarnamos. Essa é uma chance para cada espírito começar de novo sem o peso das experiências passadas. Uma chance de se redimir de uma maldade feita, uma chance de provar que aprendeu a lição, uma chance de colocar em prática tudo que foi aprendido nas experiências anteriores, sem a influência do passado.

– O processo de encarnação atua para purificar nosso espírito. Imagine por exemplo um espírito que, em sua vida anterior, tenha cometido um assassinato. Como esse espírito poderia obter algum benefício em reencarnar se tivesse nascido com o conhecimento de todos os crimes praticados no passado? E pior, imagine se as pessoas do seu convívio também pudessem ver os crimes cometidos em sua experiência de vida passada. Imagine se todos lhc dariam nova chance? Não o julgariam? Pelo fato de ter suas lembranças reprimidas temporariamente, esse espírito pode ter novo começo, limpo, sem carregar o peso de seus erros passados, sem julgar a si próprio pelos erros que cometeu e também ser julgado por outras pessoas.

Harriet acariciou as mãos de Michael e continuou:

– Aos poucos, você está recuperando sua memória espiritual. Na noite passada, você viu cenas de alguns fatos muito importantes. Tente digerir a informação recebida, pense e reflita sobre cada uma daquelas pessoas, seus comportamentos... aproveite aquilo que lhe foi dado. O véu ainda está sobre seu passado por algum motivo, e este motivo pode ser confiar em Deus. Acredite, Ele é o pai, e Ele cuida de todos os seus filhos.

– Vamos lá, Michael – disse Mateo, batendo em seu ombro. – Vamos viver no presente. Pergunte-me algo sobre aquilo que você acabou de viver. O presente, o único momento que realmente importa para todos nós. Pois, é no presente que podemos atuar e fazer um futuro melhor. Aquelas palavras ajudaram a colocar um sorriso no rosto de Michael.

– Ok, deixe-me perguntar, como vocês elegem um ministro? Há políticos aqui também?

– Não há política aqui do jeito que há na Terra, Michael – explicou Mateo. Em As Torres, nós temos superiores, que são espíritos muito puros que nos ajudam na organização de nossa Colônia. São sempre os mais instruídos e conhecedores que orientam e guiam os seus amigos menos instruídos, lembra? Nosso ministro e os senadores são espiritualmente muito elevados, cuja missão é dividir conosco alguns dos conhecimentos que nós ainda não obtivemos; do mesmo modo que eu trabalho nas zonas escuras próximas à Terra, tentando resgatar outros espíritos que ainda são ignorantes. Tudo no universo tem a ver com o progresso. Nós não podemos progredir se não dividimos com aqueles que sabem menos do que nós o que já aprendemos. Cada Colônia tem seus espíritos superiores que trabalham para aqueles que lá habitam, visando beneficiá-los com seus pensamentos e conhecimentos para os quais ainda não estão instruídos ou preparados.

– Na Terra – replicou Michael – algumas pessoas pensam que quando morremos vamos para o paraíso viver uma vida fácil e calma, ao lado dos anjos e de Jesus Cristo. Como posso ver, não acontece exatamente isso aqui.

Harriet sugeriu que eles saíssem do templo e caminhassem pelos campos para que pudessem continuar a conversa. Os três saíram e percorreram os longos jardins que decoravam a frente do templo.

– As regras e o trabalho são sempre necessários, eles nos dignificam. Não podemos simplesmente viver uma vida sedentária e ociosa, do modo que a maioria das pessoas na Terra pensa que pode, uma vez que deixamos nossos corpos materiais. Imagine que desperdício para o universo seria se todos decidissem parar e não fazer nada. Precisamos produzir; precisamos contribuir com o universo. Cada indivíduo deve servir a um propósito. Todos devem ter uma razão para sua existência. O universo está constantemente se movendo e nós somos parte dele. Imagine que o universo seja uma imensa e vasta sociedade que precisa da colaboração de todos para manter sua harmonia. Os espíritos estão constantemente trabalhando para servir a Deus e fazer os planos Dele acontecerem.

Mateo levantou-se e pediu desculpas por se ausentar, pois estava na hora de voltar ao seu trabalho no hospital.

Harriet e Michael se despediram de Mateo. Depois que ele se foi, os dois se mantiveram em silêncio por um tempo, pois Michael parecia refletir acerca de tudo que tinha acabado de aprender.

– Então, mãe, sobre o que eu estava te contando antes – meu sonho. É tão difícil imaginar que eu estive lá e que vivi naquela época.

– Sim, eu sei. Todos nós moramos juntos em Liverpool. E, acredite, todos nós tivemos muitas, muitas outras experiências de vida. Todos nós somos criados por Deus completamente ignorantes, e a cada dia, e a cada novo passo em nossa caminhada nós aprendemos e evoluímos.

– Havia tantas coisas acontecendo. Felicity sendo forçada a casar, e tanto sofrimento. Senti uma energia tão negativa que eu nunca tinha sentido antes. De tudo aquilo que vi, ainda não sei quem eu era e o que aconteceu.

– Tudo que eu posso dizer por agora é que todos nós estávamos lá. Você, eu, Paul e Gina... E acredite, ainda estamos lidando com as consequências das nossas ações daquele tempo.

Mais tarde, quando Michael voltou para casa, encontrou Rufus esperando por ele, saltitante e feliz.

Amigas

Meses depois, em uma cafeteria em Londres...

Gina decidiu aceitar um dos vários convites de sua melhor amiga, Isabel, e encontraram-se para um almoço seguido de um café em uma cafeteria pequena, mas bem aconchegante, localizada perto da casa de Gina. Gina e Isabel haviam se conhecido na universidade e desde então se tornaram melhores amigas.

– Você precisa se reencontrar, Gina. Já faz meses que Michael morreu. Você dificilmente sai de casa, precisa de um tempo só para você, sem as crianças.

– Estou bem, não se preocupe. Estou voltando, aos poucos, a ter a minha vida de volta. E as crianças estão bem também. Harry ainda sente muita falta do pai, mas Kit e Grace estão melhores. Eles são pequenos, então creio que seja mais fácil para eles do que para Harry. Também tenho o Paul, que nos visita todos os finais de semana e me ajuda com as crianças. Desde que Michael morreu, tento conciliar o meu trabalho com as crianças, e elas sempre serão uma prioridade para mim. Mas você está certa; preciso começar a cuidar de mim um pouco mais.

– E o Paul? É óbvio que ele gosta de você.

– Pare com isso e não seja boba! Ele está apenas tentando ajudar. Ele está sendo um bom amigo, só isso. Ele é um homem muito bonito, mas nem... – Gina parou por um momento, ficou sem graça de repente. Ela já havia notado o quanto Paul era bonito e charmoso, mas sempre que esses pensamentos lhe vinham à mente, fazia de tudo para esquecer. Ela, então, continuou: – Não, para mim é errado, nem que seja só pensar em outro homem. De qualquer forma... o Michael morreu faz pouco tempo.

– Não, não é – insistiu Isabel. – Você está viva, não se esqueça! Já faz meses que Michael se foi, e você precisa voltar a viver. Que perda de tempo ficar aí estagnada, sofrendo. É hora de retomar sua vida. Você ainda tem muito para viver e experimentar. Paul é adorável, bonito, e seus filhos o adoram.

– Vamos mudar de assunto, por favor? É raro eu sair com você sem as crianças para uma tarde exclusivamente assim, de conversa de mulheres, então vamos aproveitar esse tempo só nosso. Sem conversas profundas agora, por favor. Vamos falar de cinema, peças de teatro... qualquer coisa, menos sobre esse assunto, por favor.

– Tudo bem, mas eu continuo a insistir, Paul é um ótimo partido, e ele está completamente apaixonado por você...

Ambas riram e mudaram de assunto. Logo depois, Isabel levou Gina de carro de volta para casa e resolveu dar uma parada para dizer um olá às crianças. Ao chegarem, elas encontraram Juliana sentada no chão brincando com os meninos. Quando as crianças viram sua mãe vindo com Isabel, correram até elas, abraçando-as e fazendo algazarra. Elas gostavam muito de Isabel e apreciavam estar com ela. Pediram que ela fizesse alguns desenhos, e assim ela o fez. Sentou-se no chão e começou a brincar com elas. Juliana aproveitou, então, a oportunidade para se despedir e aproveitar sua noite de folga, antes que as crianças pudessem notar sua ausência.

Ao se despedir, Juliana deparou-se com Paul, que acabava de chegar para uma visita. Ao entrar, permaneceu quieto por um instante, observando Isabel e Gina interagindo com as crianças. Assim que foi notado, ele sorriu.

– Olá para todos – ele disse. Tirei minha tarde de folga, então, pensei em passar por aqui para ver se vocês estão bem. Também trouxe alguns doces para as crianças e chocolate para a mãe delas.

Gina ficou encabulada, mas Isabel e Juliana se olharam e sorriram.

Isabel aproveitou a oportunidade e ofereceu-se para dar uma carona à Juliana e levá-la para casa. Todos se despediram, deixando Paul sozinho com Gina e as crianças.

O desespero de Michael

Cidade de Liverpool, século XIX

Sozinha em seu quarto, Felicity derramava lágrimas em frente ao espelho de sua penteadeira enquanto arrumava seu cabelo. Estava usando um vestido branco longo. Estava deslumbrante, ainda que deixasse cair lágrimas de tristeza. Do lado de fora do quarto estava seu pai, que batia na porta pedindo que ela se apressasse, já que os convidados estavam impacientes com a sua demora. Ela sabia que não tinha como escapar daquele casamento; sabia que não havia opção, apenas encarar o fato.

Felicity enxugou suas lágrimas e levantou-se. Respirou profundamente, como se tentasse criar forças, e finalmente abriu a porta para seu pai.

– Estou pronta – ela disse determinada.

Antes que eles descessem as escadas para irem à igreja, o pai dela lhe deu um colar dourado.

– Esse colar era de sua mãe – ele disse. – Antes dela, pertenceu à sua avó, e agora é seu. É para você levar com você e para lhe trazer sorte. Sei que você não está feliz com este casamento, mas um dia vai perceber que essa foi a melhor coisa que poderia ter acontecido para nós dois. Você é uma mulher, e meu melhor conselho é que faça o que tem que fazer e obedeça ao seu marido a partir de agora.

– Já disse que estou pronta – disse Felicity abruptamente e ignorando o que o pai acabava de dizer. – Vamos acabar logo com essa tortura.

Descendo os degraus de mãos dadas com seu pai, ela estava maravilhosa, com seus cabelos escuros bem brilhosos e com sua pele alva dando ainda mais ênfase aos seus olhos azuis.

A cerimônia foi bem tradicional e bem rápida. Enquanto o noivo parecia muito feliz, Felicity permanecia o tempo todo com expressão triste. Na festa, após a cerimônia de casamento, havia muita música, comida e bebida. Peter Worley apresentou a todos com orgulho a sua nova esposa. Peter estava muito feliz com a sua nova conquista, ou como dizia seu pai, sua nova aquisição. O casal recém-casado dançou junto e passou por todas as mesas de convidados para agradecer a todos pela presença. Felicity era uma mulher deslumbrante e encantou a todos com seu jeito elegante. Ela sabia que daquele momento em diante sua vida mudaria e ela teria que obedecer ao seu marido, exatamente do jeito que lhe fora ensinado a vida toda: servir ao seu homem. Ela conversou com todos os convidados e para todos no salão passou a impressão de ser a esposa perfeita.

De um lado do salão, o pai de Peter observava Felicity interagir e socializar com os convidados. Após algum tempo, John chamou seu filho de lado e disse-lhe ao pé do ouvido:

– Ela é tão linda e graciosa. Olhe ao redor e veja como as pessoas gostam dela. Todos a estão admirando. Muito bem, meu filho. Você fez uma excelente aquisição, com certeza leva jeito para os negócios, assim como eu.

Não passou muito tempo de festa e o pai de Felicity já estava totalmente embriagado e caindo pelos cantos. Ficou tão bêbado e fora de controle que teve de ser retirado do local. Assim que todos os convidados partiram, os pais do noivo parabenizaram o filho e Felicity e se despediram, deixando o novo casal a sós na sala.

Peter tentou tocar a mão da nova esposa, mas ela prontamente se esquivou. Surpreso, ele disse:

– Não tenha medo de mim. Agora nós somos marido e mulher.

Felicity sentia muita raiva e não conseguia sequer olhar nos olhos do marido.

– Eu te amei desde a primeira vez que te encontrei, e sou louco por você. Este é o dia mais feliz de minha vida, Felicity. Sei que você odeia o fato de nosso casamento ter sido arranjado por minha família e seu pai, mas quero que você saiba que eu escolhi você, sempre quis você, e não teria escolhido nenhuma outra mulher que não fosse você.

Não me importo com o fato de seu pai ser um homem falido e alcoólatra. Escolhi você para ser minha esposa!

– Como você disse, você me escolheu e negociou nosso casamento. Tudo que posso lhe dizer é que eu sei o meu lugar. Vou lhe obedecer e ser uma boa esposa, conforme nosso contrato determina, mas não espere que eu te ame. Amor não se obriga, muito menos se compra, e meu amor saiba que você nunca terá! Agora, meu marido, me desculpe, porque estou muito cansada e quero dormir. Verei você pela manhã.

Contrariado e sentindo-se rejeitado pela mulher que amava, Peter se deixou tomar por sua raiva e agarrou os cabelos dela assim que ela lhe virou as costas. Em seguida, Peter, utilizando de muita violência, a puxou pelos cabelos e a arrastou para perto de si.

– Não me faça ser rude com você, minha esposa. Hoje é nossa primeira noite juntos, como marido e mulher, e você cumprirá seus deveres de esposa – ele disse com os olhos vermelhos refletindo toda sua raiva.

– Desculpe-me, mas estou muito cansada e quero dormir. Não estou pronta para isso. Por favor, respeite minha vontade. Me solte!

Puxando seus cabelos com mais força ainda, ele a arrastou pela sala e a levou escada acima rumo aos novos aposentos. Felicity tentou se desvencilhar dele, mas acabou levando um forte tapa no rosto que a fez desistir de lutar contra. Peter, então, a jogou na cama e a violentou. Felicity chorou durante o tempo todo em que Peter a violentava.

A cena foi se ofuscando na memória de Michael até desaparecer. Michael acordou atormentado com mais aquela visão do passado a lhe perturbar a mente.

Harriet tinha convidado o filho para passar o dia com ela; a visitar a escola onde ela trabalhava na função de professora. Ela logo chegou à sua casa e o encontrou aguardando na porta da frente. Michael parecia aflito e um tanto quanto perturbado.

– Bom dia, filho. Mateo foi chamado para ajudar uma amiga dele, Regina, em uma de suas missões. Mas ele te mandou um abraço. Você está pronto para visitar a escola? Você parece meio agitado. Está tudo bem?

– Estou com muitas dúvidas perturbando minha cabeça depois do sonho que tive essa noite.

– A escola onde leciono não é longe daqui. Por que não me conta sobre o seu sonho enquanto caminhamos?

– Tive outro sonho com Felicity. Dessa vez, ela estava se casando com aquele homem chamado Peter – Peter Worley. A visão era muito triste... ela foi forçada a casar com ele, embora ela não quisesse, sabe? No final – Michael sentia-se muito perturbado com aquela cena e não conseguia sequer descrevê-la. – No final ele... ele acabou por...

Michael não conseguiu terminar a frase, pois estava visivelmente abalado com a lembrança que acabara de ter.

Harriet concluiu a ideia:

– Sim, eu sei o que aconteceu com ela naquela noite. Foi uma lição muito difícil para Felicity, mas por favor não se esqueça de que se isso aconteceu na vida dela é porque ela já havia escolhido passar por essa experiência antes de reencarnar.

– Você quer dizer que ela escolheu ser vendida pelo pai e se casar com um homem tão cruel? Não pode ser!

– Não, ela não escolheu isso. A maioria de nós, antes de reencarnar para nova experiência de vida, podemos escolher nossa família e o lugar onde queremos viver. Podemos escolher a maioria dos desafios e obstáculos com os quais vamos nos deparar para fazer a nova experiência valer a pena, é claro, sempre objetivando desenvolver nossa alma por meio da superação de nossas fraquezas e da realização de testes. Por exemplo, alguém que teve uma vida de riquezas e de poder sobre os outros e acabou por fazer mau uso desses atributos, por meio, vamos dizer, do abuso dessa autoridade e da humilhação imposta a outras pessoas, pode escolher, com a intenção de melhorar essa fraqueza, reencarnar novamente sob circunstâncias difíceis, tal qual a pobreza, para que possa sentir o que anteriormente fez os outros sentirem.

– Por outro lado, um espírito que provou ser caridoso por meio de uma vida humilde, pobre e modesta, pode escolher reencarnar e experimentar uma vida de riquezas, com o intuito de resistir a todas as tentações que o dinheiro e o poder podem trazer e permanecer firme em sua missão de caridade e amor ao próximo. Alguns espíritos têm a oportunidade de escolha a fim de aprender com a nova experiência. Claro que um espírito não pode escolher uma vida rica apenas pelo luxo que lhe proporcionará, mas porque a riqueza será benéfica ao seu desenvolvimento.

– Todos os problemas e obstáculos em nossa vida são para nosso próprio benefício, e devem ser utilizados para acelerar nosso processo de aprendizado. Ninguém deve enxergar com pena uma situação difícil que alguém esteja vivendo, mas sim como lição valiosa que aquela dificuldade traz visando ao progresso, ao aperfeiçoamento do espírito.

– Não entendo, mãe. Por que um espírito escolheria sofrer?

– O que para nossa mente material significa sofrimento, na verdade é um modo de se aprender as lições divinas. Deus, justo como é, permite que cada um de nós escolha nosso caminho, e se nós falharmos em nossa missão, Ele sempre nos dará uma chance de recomeçar, como qualquer bom e justo pai faz.

– De volta ao sonho, ou à lembrança... ainda não consigo me ver ali. Eu estava lá?

– Sim, você estava lá também. Você fez parte da mesma história, e aquela não foi a primeira vez em que todos vocês se encontraram. Sua ligação com Felicity vem de muito tempo. Mais uma vez lhe digo que eu não posso dar mais informações acerca do que aconteceu depois daquele momento do casamento, porque como eu disse anteriormente, a verdade virá no tempo certo.

Harriet notou que Michael tornou-se distante, com semblante triste e, então, o abraçou com ternura.

– Lembre-se sempre – ela continuou – de que todos nós temos nosso livre-arbítrio e, portanto, escolhemos nosso caminho. Deus não é injusto com ninguém, filho. Se algo acontece, seja bom ou ruim, é porque tem que ser daquele jeito. Todos nós, de alguma forma, nos beneficiamos daquela experiência.

– E Felicity? O que aconteceu na sua vida anterior para provocar tanto sofrimento?

– Em outra experiência de vida, muitos anos antes dela reencarnar em Liverpool, em meados de 1800, Felicity, então chamada Sarah, para obter status social e luxo, se envolveu com tráfico de escravos e até mesmo com prostituição.

– Ela também era uma comerciante de escravos?

– Não exatamente. Ela escravizava homens que estavam apaixonados por ela. Usava seus atributos sedutores para obter riqueza e poder. Ela traía e enganava todas as pessoas que expressavam qualquer tipo de sentimento por ela.

– Uma vez no mundo espiritual, ela se recusou a enxergar a verdade, e por longo período continuou a viver na zona umbralina. Enquanto viveu nas zonas escuras próximas à Terra, ela encontrou Peter novamente, um espírito obcecado por sua beleza. Um passou a suprir o outro, e ambos se envolveram em um ciclo muito ruim de obsessão, ciúmes e destruição. Viveram por muitos anos perdidos nesse processo destrutivo. Mateo e eu tentamos ajudá-los, por muitos anos, mas somente após muito sofrimento Felicity finalmente aceitou nosso convite para ir a uma Colônia de recuperação e aprender mais sobre espiritualidade. Foi mais tarde, aqui em As Torres, que ela encontrou Jonathan pela primeira vez, e foi nesse período que ela finalmente aprendeu o verdadeiro amor, o amor incondicional, e, então, se arrependeu de todo o sofrimento causado aos outros.

– Com o passar do tempo, Felicity e Jonathan se apaixonaram, e sabendo que Felicity ainda tinha muito que aprender, Jonathan, que era mais elevado moralmente, ofereceu-se para reencarnar junto a ela, a fim de ajudá-la a progredir. Após um período de reflexão, Felicity tomou coragem e reencarnou. Por sua vez, Peter também reencarnou, por recomendação dos espíritos superiores, mas era obcecado por Felicity. E todos nós voltamos para a Terra com o intuito de ajudá-los em sua nova experiência. E isso aconteceu em Liverpool, no século dezenove.

– Você pode me contar mais? Como terminou aquela experiência em Liverpool? O que aconteceu à Felicity?

– Logo você vai descobrir, Michael.

Michael ficou sem palavras, ouvindo tudo aquilo como se fosse um filme passando em sua cabeça.

Harriet respirou fundo e continuou:

– Há mais coisas ainda relacionadas ao nosso passado que estão ligadas aos acontecimentos do presente. Aos poucos, você irá se lembrar e aí conseguirá entender tudo. É preciso que tenhamos equilíbrio, e mesmo que aprendamos com o passado, o presente é que deve ser visto como um presente de Deus, como nova chance de recomeçar e de fazer as coisas certas.

Após caminharem entre os edifícios no centro de As Torres, pararam em frente a um prédio que parecia muito com uma grande casa colonial.

– Chegamos – disse Harriet. – Esta é a escola onde eu dou aulas. Vamos entrar.

Harriet lhe mostrou as dependências da escola e lhe apresentou alguns colegas. Explicou um pouco do trabalho que realizava na escola. As lições ali ensinadas eram sobre conhecimento básico de espiritualidade e do mundo espiritual. Michael não prestou atenção a um só detalhe sequer do que tinha visto e ouvido. Seus pensamentos estavam cada vez mais focados em Gina.

O feriado prolongado

Gina decidiu aceitar o convite de Paul, após ele ter insistido muito. Ela gostava muito de sua amizade, e apreciava toda atenção e todo cuidado que ele lhe dedicava desde que Michael morrera. Sua amiga Isabel ofereceu-se para cuidar das crianças enquanto ela se ausentava para viajar com Paul. Era feriado prolongado na Inglaterra, e Gina não tinha ideia de aonde eles iriam; tudo que sabia é que era para encontrá-lo no aeroporto e levar junto seu passaporte e uma bagagem contendo roupas suficientes para o final de semana. No horário combinado, um carro chegou e estacionou à sua porta. De dentro do carro, saiu um motorista que tinha sido enviado para buscá-la e levá-la para o Aeroporto de Heathrow.

Juliana, a babá das crianças, estava acordada e tinha preparado café da manhã para Gina. Elas tinham se tornado amigas, e naquela manhã, enquanto tomavam café juntas, elas compartilhavam a empolgação de Gina em relação à viagem que faria com Paul naquele feriado prolongado.

Após se despedir de Juliana, Gina entrou no carro e partiu. Gina havia decidido aceitar o convite com o objetivo de sair um pouco de casa e descansar. Tudo havia ficado tão complicado naquele período, e ela ainda não tinha tido um tempo para si mesma desde a morte de Michael. Estava sempre ocupada com os afazeres do lar, com as crianças e também com seu trabalho *freelance*, na função de jornalista.

Além disso, as visões de Harry estavam cada vez mais frequentes. Algumas vezes, ele dizia ter visto um homem de preto na sala, outras vezes, começava a gritar dizendo ter visto o mesmo homem de preto o ameaçando. Gina havia levado Harry a alguns médicos, e após vários exames, nada de errado foi constatado na saúde do menino. A viagem com Paul havia chegado na hora certa, pois Gina estava cada dia mais estressada.

Meia hora depois, ela chegou ao Aeroporto Heathrow e, para sua surpresa, Paul estava lá esperando no estacionamento. Ele segurava um envelope envolto em um laço vermelho de presente, em uma das mãos, e na outra a sua bagagem.

– Oi, Gina, como você está linda – digo, ainda mais linda do que já é.

Gina ficou envergonhada e agradeceu o elogio. Em seguida, Paul lhe entregou o envelope e pediu que ela o abrisse.

Gina abriu o envelope e retirou bilhetes de reserva em um Hotel-SPA cinco estrelas na Áustria. Eles estariam voando em menos de duas horas. Maravilhada com a surpresa, Gina sorriu e abraçou Paul.

— Que ótima surpresa, Paul. Nós vamos para a Áustria! Estou sem palavras! Desde pequena, quando assisti ao filme "Uma noviça rebelde" que eu quero visitar a Áustria. Estou muito feliz!

— Fico contente que esteja feliz. Também é a minha primeira vez visitando a Áustria. Agora vamos nos apressar para não perdermos o voo. Deixe-me carregar sua bagagem.

Paul pegou um carrinho e colocou as malas. Caminharam para o interior do aeroporto e, após devidos procedimentos, embarcaram no avião.

Algumas horas depois, chegaram à Áustria, e um motorista os levou ao adorável centro da pequena cidade de Portschach, onde se localizava o hotel, na costa de Worthersee. Do hotel, eles tinham uma vista deslumbrante da Áustria e dos Alpes do Sul. No lago localizado na frente do hotel havia muitos cisnes e patos que nadavam tranquilamente. O Hotel-SPA era repleto de muito verde, campos lindos floridos e vistas de tirar o fôlego.

— Reservei dois quartos separados, Gina, para que você não precise se preocupar com nada. Minha intenção era trazê-la aqui para você relaxar e usufruir de um momento de paz. Teremos três dias para desfrutar desta atmosfera limpa e tranquila dos Alpes.

Paul, após deixar Gina em seu quarto de modo que pudesse se instalar, dirigiu-se para o quarto dele.

Encontraram-se uma hora depois no saguão de entrada e saíram para caminhar e explorar o hotel e as redondezas. Começaram o passeio pelos jardins do hotel.

– Ok – disse Paul. – Agora é hora de nos esquecermos de Londres, de casa, das crianças, dos problemas e de tudo que nos aborrece. Vamos descansar a mente. Tenho algumas surpresas planejadas para este fim de semana e espero que você goste. Acho melhor começarmos almoçando.

– Concordo – disse Gina sorrindo. – Realmente, estou sentindo um pouco de fome.

Gina podia ver, não muito longe de onde estavam, ali no jardim, uma bela mesa decorada e posta com talheres e taças para duas pessoas e um garçom de pé ao lado da mesa.

– Você planejou isso também? – perguntou Gina.

– Sim, pensei que estaríamos com fome em razão da hora que acordamos, então reservei uma mesa no jardim para nós dois almoçarmos.

O garçom os cumprimentou e lhes apresentou o cardápio. Tudo era muito romântico; a mesa tinha um belo arranjo de flores, pratos de porcelana e talheres de prata. O dia também estava ajudando a tornar a cena ainda mais romântica. A temperatura estava agradável, típica do mês de maio, e o céu estava azul e com pouquíssimas nuvens. Eles almoçaram e, conforme Paul havia sugerido, não conversaram sobre nada que os pudesse aborrecer. Os olhos dele estavam fixos nos olhos dela o tempo todo. Ainda que parecesse errado, Gina alimentava algum sentimento por Paul que, na verdade, nunca havia sentido – era como se eles tivessem uma energia muito parecida. Desde a partida de Michael, Paul estivera muito presente, transmitindo-lhe segurança.

Ao que Paul gentilmente tocou sua mão, Gina sentiu leve calor tomar conta de seu corpo. O clima era de romance.

Na Colônia As Torres

De volta para casa após a visita à escola, Michael estava andando em círculos, parecendo muito preocupado e perturbado. Ele falava sozinho sem parar, de uma forma neurótica e sentindo muita raiva.

– Como Deus pôde permitir que isso acontecesse comigo? Como Deus pôde permitir que esse homem fizesse o que fez? Isso não é justo, não é!

Michael foi ficando cada vez mais nervoso. Saiu para o jardim dos fundos e, gritando insultos a Deus, ele se ajoelhou na grama e chorou com muita raiva.

Harriet apareceu perto dele no jardim.

– O que aconteceu, Michael? Você parecia tão bem essa tarde quando fomos à escola. Você está recuperando sua memória astral e se lembrando de tantas coisas importantes sobre você e sua história. Como pode estar assim tão cheio de raiva?

– Agora me lembro, mãe. Lembro-me do que ele fez para mim, aquele homem, aquele homem horrível. Naquela manhã, na central de TV, eu estava muito cansado após ter feito a cobertura ao vivo da contagem dos votos das eleições durante toda a noite. Fui à lanchonete no sexto andar para preparar um café para mim e ele veio atrás. Paul começou a me provocar, dizendo que aquela tinha sido a pior cobertura jornalística que já tínhamos feito; que a audiência tinha sido baixa e que se arrependera de me deixar no controle daquele projeto. Ele era o editor-chefe e meu superior, e eu estava tão cansado de seus insultos e de seu jeito autoritário que eu lhe disse que já era demais para mim. Eu tinha recebido uma proposta para apresentar o jornal nos Estados Unidos, e embora eu não estivesse querendo me mudar para lá, eu resolvi aceitar. Eu lhe contei sobre a proposta de trabalho e que eu não tinha contado à Gina, embora eu tivesse certeza de que ela entenderia e concordaria que seria uma boa mudança para nossa família. Eu larguei o emprego ali mesmo na lanchonete dos funcionários.

Michael começou a chorar e ficou ainda mais agitado.

Harriet tentou acalmá-lo:

– Não fique tão agitado. Seus pensamentos negativos estão deixando-o confuso e você não está conseguindo ver a verdade.

Sem mudar seu tom de voz, Michael continuou:

– Quando eu virei as costas e fui na direção da escada, ele me chamou, e quando olhei para ele, ele me empurrou e me derrubou da escada… ele me assassinou! Foi ele! Paul, meu próprio primo.

Michael ficou tão descontrolado a ponto de não conseguir mais falar.

– Não foi assim, filho. Eu estava lá com você o tempo todo. Pare com esses pensamentos ruins, mude sua sintonia ou do contrário você só irá atrasar seu processo evolutivo.

Michael estava aflito e chorava muito.

– Se você estava lá como diz, por que você não me protegeu? Por que você me deixou morrer? É porque você sempre preferiu ele, não é? Sempre gostou mais de seu sobrinho do que do seu próprio filho!

– Não diga isso, Michael. Que ciúme mais infundado e imaturo – Harriet tentou abraçá-lo, porém Michael se afastou da mãe. Em seguida, Mateo apareceu no jardim.

– Não podemos interferir na vontade de Deus – disse Mateo, com firmeza, para Michael. – Não podíamos impedir sua passagem do plano físico para o mundo espiritual. No entanto, pudemos emitir vibrações de amor; protegê-lo da sensação de dor que aquela queda violenta lhe causaria. Harriet pôde ficar ao seu lado enquanto você fazia a passagem do mundo material para o mundo espiritual para recebê-lo e guiá-lo de volta à casa, contudo é importante que você saiba que para fazermos qualquer coisa nós precisamos de autorização de nossos superiores. E a verdade é que era hora de você voltar para casa.

Michael estava prestes a gritar bem alto novamente, mas foi impedido por Mateo, que continuou:

– Sua baixa vibração e toda essa raiva que vem nutrindo não pertencem a este lugar. Nesta Colônia há apenas espíritos que buscam paz e harmonia. Peço que se concentre na paz de Deus.

Enquanto Mateo falava, Michael começou a se acalmar, a sentir certa leveza, e não tinha forças para falar.

– Você irá agora para um local onde será tratado. Lá você não conseguirá me ver e nem a Harriet, já que é uma clínica de recuperação, e nossa presença não traria benefício a você, mas nós estaremos por perto.

A voz de Mateo desapareceu completamente no ar e a visão de Michael ficou ofuscada.

Quando Michael acordou, estava em um lugar diferente. Estava em um jardim, e no final desse jardim ele via uma mansão. Havia uma fonte de águas no meio do jardim com esculturas de anjos.

– Olá, Michael.

Michael virou-se e viu um ser iluminado olhando para ele.

– Meu nome é Nathaniel e serei seu amigo enquanto você estiver aqui na clínica de recuperação. Aqui você terá aulas sobre espiritualidade. Aprenderá mais acerca do universo e suas leis. Aqui nós trabalhamos também e temos uma rotina mais regulamentada. Este lugar reflete exatamente a mesma energia que você está trazendo com você. Nós atraímos para nós espíritos e lugares com a energia semelhante à nossa; portanto você não poderia mais ficar naquela Colônia Espiritual, pois sua energia agora está atraindo vibrações inferiores às de lá.

– Preciso voltar para a Terra; preciso ver minha família. Sei que Paul está próximo de minha família e preciso detê-lo antes que seja tarde demais.

– Acalme-se, Michael. Você não consegue interferir na vida deles. É uma decisão de Gina estar próxima dele, e não sua. Seu comportamento obsessivo vai apenas trazer dor e confusão para você e para quem estiver próximo. Tente pensar nas boas lembranças. Tente relaxar e relembre de confiar no plano de Deus.

Michael pensou: "É melhor não discutir nem dizer mais nada. Não importa o que eu diga, eles vão continuar me pedindo para ficar quieto. Preciso encontrar uma forma de voltar para a Terra..."

Nathaniel interrompeu seus pensamentos.

– Não precisamos mais nos comunicar usando nossas cordas vocais; elas são um instrumento usado apenas quando se tem um corpo humano. Aqui, na espiritualidade, todos nós podemos nos comunicar por meio dos pensamentos. Você está livre para ficar e também está livre para ir. Não posso mantê-lo aqui feito um prisioneiro. Todos nós podemos lhe mostrar o caminho, mas só você pode decidir entre segui-lo ou não. Preciso alertá-lo para o fato de que há muitas forças escuras aqui. Há muitos espíritos primitivos que decidiram seguir contra as leis de Deus e viver lá entre os encarnados tentando espalhar dor e sofrimento. Uma vez lá, você estará entre essas várias forças e energias também.

– Sou grato por toda sua ajuda, mas quero voltar. Quero estar com minha família e cuidar deles. Não posso mais ficar aqui.

Nathaniel olhou para ele, sentindo muito pela sua decisão.

– Devo ainda lhe dar um último aviso – Nathaniel disse. Quanto mais triste e pesada for a energia com a qual você se envolver, mais difícil será para você voltar para cá. Assim como Deus nos dá o livre-arbítrio para escolher nossos caminhos, ao mesmo tempo ficamos responsáveis pelas consequências de nossas ações. Esteja ciente da sua atual escolha, e de que você está escolhendo se afastar de Deus, Michael.

Dois inimigos reunidos

Michael sentiu dor forte no peito, e fechou seus olhos em reação à dor. A dor se intensificou, mais e mais, e de repente ele ouviu um ruído estranho. Tinha ficado tão acostumado com a paz e a harmonia na Colônia que até mesmo o som de crianças brincando no parque lhe soava muito perturbador. Ele olhou à sua volta e notou que se encontrava em um vilarejo, que parecia estar localizado na Europa. Havia crianças brincando num parque perto dele, e estava difícil suportar o barulho vindo de todas as partes. Olhava ao seu redor e não reconhecia o lugar.

"Será este mais algum tipo de clínica ou Colônia Espiritual?" – ele se perguntava.

Michael decidiu então andar e explorar o local, e viu que havia um lago não muito longe de onde estava. Caminhou em direção ao lago, sentindo algo estranho. Michael passou pelas várias pessoas que se divertiam pelas ruas, casais apaixonados, crianças que brincavam na pequena e florida praça e, quando finalmente chegou ao lago, conseguiu visualizar Gina sentada em um banco. Ela estava linda, como sempre. Admirava a vista à sua frente. Michael sorriu e sentiu-se feliz novamente por rever a esposa.

Gritando alto o nome da esposa, Michael correu até ela. Ela não o escutava. Michael, então, gritou ainda mais alto, mas não havia nenhum sinal de reação por parte de Gina. Ela continuava olhando para o lago, sem perceber que Michael estava ali ao seu lado.

– Gina, meu amor, estou aqui, estou de volta! Olhe para mim, eu voltei!

Michael derramou lágrimas de tristeza quando percebeu que Gina não podia vê-lo, nem ouvi-lo.

– Senti tanto sua falta. Eu não consigo parar de pensar em estar com você de novo. Sinto falta do seu cheiro, do seu jeito, do seu toque. Penso no modo com que você costumava me olhar e em como você me fazia bem mesmo após os dias mais longos e mais estressantes de trabalho. Sinto saudades, querida.

Gina não respondeu. Ela não podia responder, pois não conseguia vê-lo. De repente, seus pensamentos começaram a mudar e, então, ela se lembrou de Michael. Em alguns minutos, ela foi tomada por tristeza e melancolia.

Quando Michael notou que Gina havia modificado seus pensamentos e passou a se lembrar dele, percebeu que sua presença causava impacto nela. Michael, por sua vez, a abraçou ainda mais forte.

– Nunca mais vou te deixar – ele disse chorando. – Estou aqui e vou ficar com você e as crianças.

Aquela sensação triste que tomava conta de Gina tornava-se cada vez mais forte e, quanto mais Michael lhe falava de seus sentimentos, mais triste ela se sentia. Não demorou e começou a chorar.

De repente, Michael foi pego de surpresa quando ouviu a voz de Paul.

Por que você está chorando? – perguntou Paul, chegando com dois sorvetes.

Paul ficou bem próximo dela e a abraçou, o que fez Michael cair com força no chão.

– Não chore, Gina. Você é muito linda para estar chorando. Deixe pra lá, esqueça qualquer pensamento ruim. Vamos focar em nosso momento maravilhoso juntos.

Michael, atônito, assistia a toda aquela cena do chão, mudo. Rapidamente, foi tomado por um sentimento de raiva.

Naquele momento Paul, observando o quanto Gina estava vulnerável, sentiu que seria uma oportunidade para lhe revelar seus sentimentos:

– Gina, preciso lhe confessar algo; não tenho sido honesto com você. Nunca te contei, mas no dia em que estava com Michael na ambulância, a caminho para o hospital, ele me disse algo. Ele me disse que me considerava feito o irmão que nunca tivera e me perguntou se eu cuidaria de você e das crianças. Eu não consegui nem mesmo pensar em responder àquela pergunta tola, mas acho que naquela hora ele já sabia que estava morrendo. Por esse motivo, tenho estado tão próximo de você e das crianças todo esse tempo, em razão do pedido de Michael, mas tem outro motivo pelo qual estou ao seu lado. Eu estou apaixonado por você, Gina.

Gina sentiu-se confusa com tal revelação, sem saber o que dizer.

– Sei que eu e Michael tivemos nossos desentendimentos, mas eram todos por questões profissionais. Discussões que todos nós temos com nossos colegas de trabalho. Michael sabia disso, e todas as vezes que tinha alguma coisa o incomodando, ele me chamava para irmos tomar algo, e então ele costumava me contar seus problemas e pedir conselhos. Ele me disse antes de morrer que tinha recebido uma proposta de emprego de um canal de TV nos Estados Unidos e não sabia como abordar o assunto com você. Me senti muito feliz por ele, e nós até fizemos um brinde para comemorar. Além de primos, eu gostava de Michael como meu melhor amigo, e sei que ele ficaria muito feliz por eu estar com você ajudando a cuidar das crianças.

Michael, invisível a Gina e a Paul, escutou toda aquela conversa, possesso de raiva. Ele se levantou rapidamente e começou a gritar:

– Mentiroso! Seu mentiroso! Você nunca foi meu amigo. Você me matou, seu monstro! Fique longe dela!

Michael partiu para cima dele com socos e pontapés. Emanava toda sua raiva em vibrações de violência. Subitamente,

Paul começou a sentir forte dor no peito. Sentia pontadas no lado esquerdo que aumentavam conforme Michael o agredia. As dores tornaram-se tão intensas que parecia estar sofrendo um infarto. Paul caiu para trás no chão, ao mesmo tempo que o ar começou a lhe faltar.

Em pânico, e sem saber como ajudá-lo, Gina pôs-se a gritar pedindo socorro. Em poucos segundos, um casal que estava andando próximo a eles, correu em direção a Paul e a Gina. O homem começou a fazer massagem cardíaca no peito de Paul, enquanto a namorada dele ligava para o serviço de emergência.

A ambulância chegou em alguns minutos, e os paramédicos iniciaram o atendimento. Paul foi levado de ambulância ao hospital mais próximo e Gina foi junto. Sentado dentro da ambulância, invisível aos encarnados, também estava Michael. O estado de saúde de Paul era grave e os médicos trabalhavam com muito empenho para salvá-lo.

Cinco dias depois...

Paul estava deitado, dormindo em uma cama de hospital, e Gina dormia sentada numa poltrona próxima a ele. Michael também estava lá observando os dois. Não tinha deixado por um minuto sequer a cabeceira da cama onde Paul estava. Michael havia mudado muito. Tinha olheiras profundas e perdera totalmente a aparência que tinha quando estava em As Torres.

O hospital estava quieto. Era madrugada, e a maioria dos pacientes estava dormindo. Gina e Paul ainda estavam dormindo quando Michael ouviu uma voz.

– Ei, você, o que está fazendo aqui?

Era um homem com uma barba comprida, vestido com um terno escuro, que tinha acabado de entrar no quarto.

– Você está falando comigo? – Michael perguntou, sentindo-se surpreso por ser visto por alguém.

– Sim, estou falando com você. O que você está fazendo aqui?

– Estou vigiando este homem. Ele está tentando se envolver com minha esposa e eu não irei permitir que isso aconteça.

O homem olhou para Paul e o analisou da cabeça aos pés.

– Meu nome é Tomas, prazer em conhecê-lo. A propósito, eu estou morto.

Michael achou o comentário engraçado e sorriu de volta para ele.

– Prazer, Tomas. Meu nome é Michael, e estou morto também.

O velho homem riu, mostrando seus dentes amarelos e deixando o ar ainda mais contaminado com o seu mau hálito.

– Então, morto Michael, gostaria de dar uma caminhada? Não se preocupe em deixá-lo. Pelo que vejo, esse aí – apontando para Paul – não poderá ir a lugar algum agora.

Michael aceitou o convite e eles caminharam juntos pelo corredor daquele hospital pequeno e tranquilo. Quando chegaram do lado de fora, Michael perguntou:

– Então, Tomas, eu lhe disse o que estou fazendo aqui no hospital. Agora, me diga, o que te traz aqui?

– Estou esperando por uma vingança que está muito próxima de acontecer. Estou vigiando um velho inimigo que está em seus últimos dias de vida; posso sentir que sua morte está bem perto. Assim que ele morrer, eu vou fazê-lo sofrer por tudo que fez para mim.

Naquele momento, Michael pôde ver que Tomas estava envolvido em uma sombra bem escura. A vibração que vinha dele tornava-se cada vez mais pesada e depressiva.

– O que ele te fez de tão grave assim? – perguntou Michael.

– Ele levou de mim aquilo que eu mais amava na vida; minha amada esposa, Liana. O nome dele era Kurt Dollfus, e ele era um nazista. Liana e eu éramos recém-casados quando ele e seu bando invadiram a nossa casa. Eles eram muitos. Todos os soldados nazistas eram liderados por esse homem. Liana e eu fomos capturados e levados para um campo de concentração. Eu nunca mais a vi em vida. Foi ele, Kurt, que me torturou, e nunca consegui esquecer o que ele fez comigo.

Enquanto narrava a sua história, Tomas tinha um olhar triste que expressava toda a sua mágoa e tristeza pelos acontecimentos do passado.

– Ao contrário de outras pessoas do meu povo, eu consegui fugir do campo de concentração. Passei anos me escondendo para não ser encontrado, e quando finalmente o regime nazista terminou, passei toda a minha vida procurando por Liana, e por ele. Foi somente depois de muitas décadas de procura e pesquisa que eu descobri que Liana havia morrido no campo de concentração. E foi esse homem, Kurt, que coordenou o campo de concentração em que ela foi torturada. Eu, então, passei todo o resto de minha vida procurando por ele, jurando vingança. Eu morri aproximadamente dez anos atrás e foi, então, que descobri que ele estava aqui vivendo na Áustria. Ele viveu todos esses anos com identidade diferente. Trocou de nome, nacionalidade, e o desgraçado até beato de igreja virou, você acredita?

— E sua esposa? Por que você não a reencontrou depois que morreu?

— Na verdade, eu a encontrei muito rapidamente. Liana estava lá esperando por mim quando eu morri. Ela tinha uma aparência muito diferente, brilhava com uma luz forte. Ela estava falando diferente também. Ela falava sobre perdão e dizia que já havia perdoado todos aqueles nazistas que tinham feito aquelas atrocidades conosco e com nosso povo. Tentei demais convencê-la de que a melhor coisa a fazer seria vingar-se, torturá-lo assim como ele torturou todos nós, mas ela disse que ela tinha encontrado a luz e vingança não a aproximava de Deus, pelo contrário. Liana me levou a uma Colônia de recuperação, e disse que não conseguiríamos ficar juntos se eu ainda estivesse guardando raiva dentro de mim.

— Acredito que se você a amasse de verdade, você perdoaria esse homem e esqueceria o passado para poder passar a eternidade com ela, não é?

O tom da voz de Tomas ficou mais agressivo.

— Não tem nada a ver com não amar Liana. Meu amor por ela é infinito, porém eu não posso perdoar esse monstro! Eu me recusei a ficar na Colônia Espiritual e voltei para a Terra para me vingar. Desde que encontrei esse miserável, faço guarda em volta dele, emitindo tantos pensamentos ruins e energias negativas quanto posso. Ele diz que se arrepende de seu passado e que se voltou a Jesus e tudo mais, mas nunca consegui perdoá-lo pelo que fez. Tornei-me seu pior pesadelo. Aprendi como me conectar a ele enquanto ele dorme, e a partir daí comecei a aparecer em seus sonhos à noite. Até agora, não consegui provocar tantos danos, além de algumas dores de cabeça e de estômago, de vez em quando. Meu plano é capturá-lo quando ele morrer. Assim que ele deixar o corpo físico, vou pegá-lo e ele vai virar meu escravo.

– Você teve contato com Liana?

– Nunca mais soube dela. Eles não permitem que eu vá até lá onde ela está e acho que, para falar a verdade, agora até ela me evita.

– Mas, então, qual é o propósito disso tudo se você está longe de quem você mais ama? Por que continuar nessa missão de vingança se essa sua missão te afasta dela ainda mais?

– Acho que estou aqui pela mesma razão que você. Vingança, meu amigo, vingança! Fazer nossos inimigos pagarem pelo mal que fizeram.

Tomas calou-se por um momento. Parecia estar sentindo algo diferente. Concentrou-se por alguns instantes e em seguida pediu desculpas e disse que tinha de voltar imediatamente para o quarto onde Kurt Dollfuss estava.

– Dê-me licença, Michael. O momento esperado finalmente chegou; ele está prestes a morrer. Eu sinto! Eu preciso estar presente para capturá-lo assim que ele fizer a passagem... – Tomas desapareceu no ar assim que terminou a frase.

Enquanto voltava para o quarto onde Gina e Paul estavam, Michael ouviu grande barulho, parecia um estrondo seguido de um grito. Ele seguiu o barulho e pôde, então, ver uma luz muito brilhante saindo de um dos quartos do hospital. Ele se aproximou e quando chegou até a porta, viu Tomas de joelhos, chorando desesperadamente. Um espírito, com a aparência de uma jovem mulher de cabelos ruivos encaracolados e pele clara, estava lá perto dele. A mulher tinha uma luz muito intensa ao seu redor, semelhante à luz que Harriet e Mateo emanavam. Sua luz iluminava todo o quarto. No quarto também estavam o espírito Kurt Dollfuss, de mãos dadas a outros dois espíritos.

— Não faça isso, Liana — gritou Tomas. — Preciso realizar minha vingança! Esse homem precisa pagar pelo que fez. Deixe-o aqui comigo.

— Chega dessa raiva, Tomas. Você deve esquecer o passado e perdoar. Você precisa mudar. Kurt pediu perdão anos atrás, e nosso Pai Todo Poderoso lhe deu misericórdia. Kurt está seguindo conosco para uma Colônia.

— Ele não merece misericórdia! Não merece! — gritou Tomas.

— Você não tem o direito de julgar ninguém! Por acaso se julga maior que Deus? — Liana falou com Tomas pela última vez. — Se algum dia você decidir deixar toda essa amargura e desejos de vingança que decidiu nutrir, você sabe o que fazer. Ore, e a ajuda virá para levá-lo de volta para casa.

Liana deixou o local juntamente com os outros dois espíritos benfeitores que seguravam as mãos de Kurt. Quando eles partiram, o quarto readquiriu a luminosidade natural. Os médicos e enfermeiras que tentavam reanimar Kurt, durante todo aquele tempo, sem ter ideia do que havia aconteceu no invisível, decretaram a falência do paciente.

Tomas permaneceu no chão a chorar.

– Você está bem? – perguntou Michael.

– Eu não acredito no que acabou de acontecer. Eles o levaram e não pude nem ao menos me aproximar dele. Não consegui nem pará-los. Tantos anos seguindo esse maldito homem, tanto tempo e energia que usei esperando por este dia, e agora, ele se foi...

Tomas parecia arrasado. Michael o deixou. Ele saiu do quarto e voltou a observar Paul. Mas, enquanto voltava para o quarto de Paul, ainda conseguia ouvir o choro copioso de Tomas. Ao adentrar o quarto, Michael encontrou Gina abraçada a Paul, deitada sobre a mesma cama que ele.

– Vou te levar para casa em breve, Paul – ela disse.

– Estou tão feliz por você estar aqui comigo – respondeu Paul, com olhar apaixonado. Em seguida, ele pegou em sua mão e disse:

– É muito bom tê-la aqui ao meu lado. Você tem sido um anjo para mim. Fico apenas preocupado com as crianças que devem estar sentindo a sua falta...

– Não se preocupe com as crianças, elas estão bem. Isabel e Juliana estão cuidando delas. Tenho falado com elas pelo telefone todos os dias, então, não se preocupe. Tudo está bem. Por favor, apenas melhore logo, para que possamos voltar para casa.

– Você não disse nada sobre o que lhe falei aquele dia no lago. Não quero forçar nada, mas tenho certeza de meu amor por você, Gina. Meu amor é real e cresce a cada dia.

Gina ficou sem graça e nada disse, por alguns segundos.

– Tudo é muito novo para mim, Paul. Não me entenda errado, por favor. Eu adoro sua companhia e gosto de verdade do tempo que passamos juntos. Algumas vezes, pergunto-me como poderia ter enfrentado tudo isso sem a Isabel, a Juliana e sem você na minha vida. Vamos com calma agora. Vamos fazer com que você fique bom logo e volte para Londres antes de começarmos a pensar em qualquer outra coisa.

– Desculpe-me, mas você me deixou perdido agora. Isso significa que eu tenho ou não uma chance?

Ela sorriu.

– Sim, você tem – ela respondeu suavemente com um sorriso tenro em seu rosto.

Michael sentiu-se em pânico assistindo a tudo aquilo. Sua esposa estava lá em frente aos seus olhos trocando palavras doces com o homem que ele odiava. Ele se sentiu traído e foi tomado por uma fúria que consumia seu ser.

"Como pôde se esquecer de mim tão rapidamente?", pensou repleto de raiva. Lembrando-se de que dias atrás havia conseguido provocar tamanho mal-estar em Paul, a ponto de deixá-lo hospitalizado, Michael teve a ideia de agredi-lo novamente com o intuito de lhe causar novo mal-estar. "Quem sabe se eu bater com mais força ele não morre", pensou enquanto começava a bater em Paul.

Embora Paul e Gina não pudessem vê-lo, os dois puderam sentir certo clima pesado no ar, cuja origem não sabiam explicar. E, ao pensar no clima de romance presenciado minutos antes, Michael intensificou ainda mais seus golpes. Porém, quando estava prestes a pegar o pescoço de Paul para estrangulá-lo, Michael foi arrastado para trás com tal força que acabou voando pela sala, até cair com força no chão. Antes mesmo de conseguir se recuperar da queda, ele foi chutado intensamente. Sentindo dor enorme, sua visão ficou turva, e tudo que podia ver eram sombras escuras ao seu redor. Tentou se levantar, mas imediatamente uma das sombras escuras deu um soco forte em seu rosto. Sua visão ficou turva novamente, e não suportando mais a dor, ele desmaiou. As sombras escuras riram muito alto e deixaram o quarto assim que perceberam que Michael havia perdido a consciência.

De volta a Londres

Quando Michael acordou, ele não sabia o que havia acontecido. Ao olhar ao redor percebeu, para sua surpresa, que Gina e Paul não estavam mais lá. Havia uma velha senhora na mesma cama onde Paul tinha ficado e algumas pessoas desconhecidas a ele em volta dela, que ele supôs serem familiares. Ficou confuso. Sentia sua cabeça pesada. Após alguns instantes, ele ouviu alguém chamando seu nome.

– Ei, Michael, você está bem?

Era Tomas.

– Não sei o que aconteceu – respondeu Michael. Onde eles foram, Gina e aquele monstro?

– Eu os vi saindo do hospital aproximadamente dois dias atrás. Você ficou aí jogado nesse chão esse tempo todo. Tentei acordá-lo várias vezes, mas eles eram muito fortes e me assustaram.

– Fortes? De quem você está falando? Quem fez isso comigo?

– Três espíritos de aparência muito maligna. Eu os vi observando o quarto do lado de fora. Eles seguiram sua esposa e aquele homem quando eles partiram. Eles não eram bons. Tinham vibrações muito escuras e pesadas.

– E por que eu não os vi antes?

– Não sei por que, mas sei que eles têm expressões muito más. Tentei ler os pensamentos deles, mas, por algum motivo, não consegui.

– Preciso encontrar Gina, Tomas. Ela está em perigo. Preciso ir para Londres agora. Só não sei como...

– Posso te levar até lá se você quiser e ainda te ensinar como ir a qualquer lugar que você queira.

– Você me ajudaria?

– Claro, por que não? Desde que a Liana e os outros espíritos levaram Kurt, que eu não tenho nada para fazer. Venho me sentindo um inútil... agora, preste atenção... esvazie sua mente, e tudo que você tem de pensar agora é onde você gostaria de ir. Feche os olhos, imagine a sua casa, a sua família. Pense em cada detalhe do ambiente. Agora segure em minhas mãos e eu te levarei lá.

Michael segurou nas mãos de Tomas e eles desapareceram no ar. Os dois viajaram mais de mil e quinhentos quilômetros – distância entre a Áustria e a Inglaterra – com a velocidade da luz, e em menos de um segundo reapareceram no bairro de Richmond, na cidade de Londres, bem no meio da antiga sala de estar. Michael ficou impressionado com o feito do amigo Tomas.

Inicialmente, após o susto, Michael olhou ao redor e viu Juliana, a babá, lendo um livro para o pequeno Kit e para a menina Grace, que estavam quase caindo no sono, enquanto Harry jogava no computador. Por um momento, nada disse, apenas observava a cena. Michael foi para mais perto de seus filhos e olhou cada detalhe em suas expressões; tentou sentir o cheiro deles e até mesmo tocá-los. Ele sorria enquanto fitava seu filho Kit, o mais novo, estava com seus cabelos loiros cheios de cachos. Grace tinha cabelos loiros-escuros, encaracolados, e olhos verdes, muito parecidos com os de Gina. Já o mais velho, Harry, era o que mais impressionava Michael. Harry estava se tornando cada vez mais parecido com ele quando era criança, com cabelos ruivos claros e olhos azuis.

Enquanto admirava Harry jogando no computador, Michael percebia a mudança súbita do menino: ele parou o seu jogo e abriu um arquivo no computador onde estavam todas as fotos da família. Harry começou a ver as fotos sem perceber que seu pai estava bem ali ao seu lado, olhando cada foto junto com ele. O menino encontrou, então, uma foto que mostrava seu pai abraçado com ele. Michael percebeu que, naquele momento, enquanto olhava a foto, os olhos de Harry enchiam-se de lágrimas. O garoto colocou sua pequena mão na tela do computador como se estivesse tocando o pai. Michael seguiu os movimentos do filho e também colocou sua mão na tela do computador, e, em seguida, já não conseguindo segurar as lágrimas, desabou no choro.

Quando Juliana percebeu que Harry estava chorando, deixou as duas crianças, já adormecidas no sofá, e foi até Harry, abraçando-o; ela começou a cantar para ele. Harry dormiu em seus braços enquanto ouvia a canção. Sentindo-se triste, Michael abraçou seu filho e continuou a chorar.

Sentindo a presença de Michael, Juliana falou com o menino enquanto ele dormia:

– Seu pai precisa entender que tem de voltar para a nova casa espiritual dele, porque este aqui já não é mais o seu lugar. Ele precisa entender que nós estamos todos bem... mas ele deve voltar para a Colônia espiritual onde é a sua nova morada.

Michael ficou assustado com o que Juliana acabava de dizer. Aquelas palavras tinham sido ditas para ele.

– Você consegue me ver, Juliana? Conversar comigo? Sei que você pode, então, fale comigo! – implorou a ela.

Juliana, que ainda estava segurando Harry em seus braços, fez uma prece em silêncio.

Michael continuou a falar com ela:

– Preciso que você diga uma coisa para Gina. Preciso que você lhe dê uma mensagem. Diga a ela que ela está em perigo ao lado de Paul. Ele não é bom para ela... não é...

Juliana continuou rezando, e antes que Michael continuasse, a sala toda encheu-se de uma luz bem forte. Uma velha senhora negra apareceu atrás de Juliana, iluminando todo o ambiente.

– Ela é uma médium – a senhora disse para Michael. – Então, ela pode sentir sua presença aqui e também pode te ouvir, porque esse é seu dom nesta vida. Mas ela só consegue ouvir o que Deus permite que ela escute, e acredito que ela não consiga ouvir a mensagem que você tentou lhe entregar.

– Quem é você? – perguntou Michael.

– Sou um espírito protetor de Juliana. Cuido dela e a visito quando ela chama por mim. Juliana e eu fazemos um trabalho espiritual conjunto. Uma vez por semana, nós nos encontramos na mesma casa espírita para ajudar os espíritos que precisam, assim como você.

– Não estou precisando de ajuda. Estou apenas cuidando de minha família. Eles estão em perigo e estou aqui para protegê-los.

– Você não protege ninguém – apenas Deus pode fazer isso. Receio que quanto mais distante você escolher ficar de Deus, mais difíceis ficarão as coisas para você.

– Se você está aqui para dar sermão, creio que perdeu seu tempo. Já tomei minha decisão e vou ficar aqui com minha família.

– Sabemos disso, Michael. Não estou aqui para interferir na sua decisão. Estou aqui pelo seu amigo.

– Que amigo?

– Tomas. Venha aqui, filho.

Tomas aproximou-se da senhora e ajoelhou-se.

A senhora colocou as mãos sobre a cabeça de Tomas.

– Você chamou por Deus, e como sempre Deus o ouviu, Tomas – disse ela. – Estou aqui por você, em nome de Nosso Senhor. Chegou a hora de voltar para casa.

Michael olhou admirado para Tomas.

– Por que você pediu ajuda? – Michael perguntou a ele. – Você quer voltar para lá?

– Quando vi seus filhos brincando, e como você ficou feliz em vê-los novamente, comecei a orar e a pedir perdão. Cansei de buscar vingança que só tem feito mal a mim mesmo. Eu me afastei da mulher que mais amei e de todos os meus amigos e familiares em prol de um sentimento que apenas atrasou minha vida. É hora de desistir desta vingança...

Tomas olhou para a senhora que estava à sua frente, estendeu seus braços e disse:

– Quero voltar para casa. Por favor me leve...

A senhora fechou seus olhos e dois espíritos benfeitores apareceram na sala. Naquele momento, Tomas estava com os olhos marejados e visivelmente cansado. Um dos espíritos benfeitores o pegou em seu colo e o levou com a delicadeza de um pai quando carrega seu bebê recém-nascido. Em questão de segundos, Tomas foi conduzido à Colônia Espiritual.

O espírito com aparência de mulher colocou suas mãos em volta da cabeça de Juliana e fez uma prece por ela. Quando terminou, voltou-se para Michael e disse:

– Você poderá retornar, Michael, a hora que quiser. A Terra já não é mais o seu lugar. Não pense que protege alguém aqui, porque você não pode. A vida acontece de acordo com a vontade de Deus, e ninguém pode mudar isso. Estar aqui lhe trará apenas dor e confusão. Eu posso levar você de volta comigo, se você quiser.

Michael olhou para seus filhos, que estavam adormecidos no sofá, e para Harry, que ainda estava dormindo nos braços de Juliana e respondeu:

– Não. Vou ficar e cuidar da minha família. Gina está em perigo e preciso protegê-la, ainda que você esteja tentando me convencer do contrário.

– Essa é a sua escolha. Você tem seu livre-arbítrio e nós vamos respeitar. Gina também está vivendo as consequências de suas próprias escolhas, e ninguém pode interferir – nem mesmo você, Michael. Há consequências para cada decisão que tomamos na vida. Não tente mais lhe passar uma mensagem através de Juliana, pois ela não conseguirá ouvir. Um dia, no tempo certo, Gina saberá a verdade, e você entenderá por que as coisas estão assim agora, do jeito que estão. Vou indo. Espero que você desperte e volte para casa em breve.

A velha senhora deixou a sala. As crianças ainda dormiam e Juliana estava mais calma. Michael, imóvel, olhava para o espaço vazio, pensando nas palavras que acabara de ouvir. Ele gostava das coisas que tinha aprendido na Colônia, em companhia de Harriet e Mateo. E sentia falta da sensação de paz que o lugar lhe trazia. Começou a considerar a possibilidade de para lá retornar, mas com Gina e as crianças, no futuro. Seus pensamentos foram interrompidos por uma voz familiar vindo pela sala – era Gina, que tinha chegado em companhia de Isabel.

– Oh, Isabel – disse Gina. – Venha dar uma olhada nesses três anjinhos dormindo.

Gina largou sua bolsa no chão, se debruçou no sofá onde Kit e Grace estavam dormindo e os acariciou.

– Nunca conseguiria viver sem essas crianças – disse Gina. – Olhe como são lindos – olhando para Harry adormecido nos braços de Juliana:

– Harry está crescendo tão rápido. A cada dia ele se parece mais com Michael.

Michael sorriu e se encheu de alegria ao ouvir Gina falar em seu nome.

– Falando em Michael – disse Isabel –, posso saber sobre Paul? Como você está se sentindo agora? O que você vai dizer da próxima vez que o vir? Vai dizer que o ama? – brincou.

– Não sei. Nós combinamos de nos encontrarmos hoje à noite. Ele virá aqui e nós vamos sair para assistir a um filme. Não sei o que estou sentindo. Amo Michael e penso nele todos os dias. Ao olhar para Harry, ele me lembra de seu sorriso, dos seus olhos atentos... Michael foi meu primeiro amor, mas...

– Mas?

– Como você mesma diz, ele não está mais aqui, e eu preciso continuar com minha vida, não?

Tristeza imensa tomou conta de Michael. Embora ele soubesse que Gina em algum momento teria de tomar novo rumo na vida, Paul era a última pessoa com quem ele queria vê-la envolvida.

Antes que Isabel pudesse dizer qualquer coisa, os garotos acordaram. Kit e Grace começaram a gritar de alegria quando viram sua mãe e Isabel, e deram muitos abraços nas duas, apesar de Harry parecer cansado e aborrecido.

Enquanto Gina conversava e brincava com as crianças, Juliana chamou Isabel de lado e lhe pediu que fosse até a cozinha.

– Estou meio preocupada, Isabel.

– O que aconteceu? Vejo que você está um pouco pálida. Você está bem?

– Acerca de uma hora eu estava brincando com os meninos. Vi Harry olhando algumas fotos no computador. De repente, ele começou a chorar enquanto olhava para uma foto de seu pai. Fui até ele para lhe dar um abraço e conversar com ele, mas subitamente eu vi o senhor Michael ao lado dele. Ele parecia estar triste, e nada bem. Harry ficou totalmente triste e acredito que tenha sido em razão da presença do pai. Harry conseguiu sentir a energia negativa que o senhor Michael estava carregando consigo. Pude sentir, e posso lhe afirmar que a energia do Sr. Michael não era boa. Sei que ele está sofrendo.

Isabel tinha começado a aprender sobre Espiritismo após ter sido convidada pelo seu namorado francês, que era um aluno da mesma casa espírita que Juliana frequentava. Foi Isabel quem recomendara Juliana para Gina após conhecê-la no centro espírita.

– E o que você fez quando o viu? – perguntou Isabel.

– Disse-lhe que deveria ir embora porque este não é mais o seu lugar. Fiz uma prece para minha mentora espiritual e pedi aos amigos benfeitores para me protegerem. Depois que rezei, senti minha mentora perto de mim e, então, não consegui mais ver Michael. Eu o sinto ainda por aqui, mas não consigo mais vê-lo.

– Você precisa contar à Gina; ela precisa saber. Se você contar, ela finalmente pode perder o medo e ir conosco ao centro espírita.

– Ela não vai acreditar em mim. Você sabe o que ela pensa sobre essas coisas. Ela faz piadas com esse assunto e, bem no fundo, sente medo. Sei que ela não fará isso. Também receio que esse assunto a deixe nervosa, e ela acabe me demitindo.

– Não seja boba, Juliana. Ela não te mandaria embora só por causa disso, apesar de entender o que você diz. Vamos arranjar um jeito de conversar com ela. O que quer que aconteça, posso garantir que ela não vai te despedir. Não se preocupe com isso.

– Mudando de assunto, a dona Gina anda cada vez mais diferente. Creio que está...

– Apaixonada! – disse Isabel contente.

Interrompendo a conversa, Gina entrou na cozinha segurando Kit em seu colo, e Grace e Harry vieram atrás dela.

– O que vocês estão fazendo? – disse sorrindo.

– Estávamos planejando um dia para irmos a uma reunião no centro espírita. Faz muito tempo que não vou lá, então estava pedindo para Juliana me avisar da próxima vez que ela for para irmos juntas.

– Já falei muitas vezes para vocês duas, deixem os mortos no lugar deles. Não gosto nada, nada, desta história de mexer com quem já morreu. Bom, agora vou dar uma olhada na lição de casa de Harry. Juliana, você pode ficar um pouco com Kit e Grace por favor?

Juliana sorriu e sinalizou um "sim", meneando a cabeça.

Michael, que observava Gina e seus filhos, não conseguiu ouvir a conversa entre Juliana e Isabel na cozinha. Ele ainda estava chocado com o que acabava de escutar. Como Gina poderia acreditar em tantas mentiras? Sentiu-se traído por ela não ter se mantido fiel ao amor dele.

Isabel deu um beijo nos meninos, despediu-se de Juliana e desejou sorte à Gina em seu encontro e foi embora.

Mais tarde, quando as crianças já estavam se arrumando para dormir, e Gina terminava de se aprontar para ir ao cinema, Juliana tomou coragem para falar com Gina acerca do ocorrido durante a tarde.

– Sei que você já me disse várias vezes que não acredita em vida após a morte, mas juro que vi o senhor Michael na sala essa tarde. Ele parecia com raiva e nervoso, mas não consegui entender o que ele tentava dizer.

Quando ouviu o nome de Michael, Gina sentiu arrepios e seu coração começou a bater mais rápido, pois ele estava ao seu lado naquele momento, e começou a acariciar o cabelo dela. Ele chorou, sentiu uma mistura de sentimentos; sentia-se triste, de saudades dela, mas se sentia ao mesmo tempo traído por causa de seu envolvimento com Paul.

– Gostaria que você viesse comigo a uma reunião no centro espírita – Juliana arriscou. – Mesmo que você não acredite, por favor, faça isso por mim.

Gina, que tinha chorado, enxugou suas lágrimas.

– Provavelmente, você tem conversado muito com a Isabel. Os mortos estão mortos e não irão voltar. Vamos deixá-los em paz! Apesar de eu respeitar suas crenças, por favor, não fale nisso novamente. Desculpe-me por estar sendo rude; só estou tentando ser feliz novamente. Por favor, me perdoe.

Ela abraçou Juliana.

– Por favor, ponha as crianças para dormir para mim. Vejo você amanhã, no café da manhã.

Ainda se sentindo bravo e confuso, Michael nem pensou duas vezes e seguiu Gina. Intimamente, um medo de encarar Paul novamente estava tomando conta dele, dessa vez muito mais do que nunca. Michael seguiu Gina até a rua e, com muita dor, viu quando ela deu um beijo rápido nos lábios de Paul seguido por um abraço. Não percebeu nesse momento que espíritos maldosos estavam sentados na parte de trás do carro. Gina sentou-se na frente e Michael entrou atrás sendo pego de surpresa pelos dois espíritos negros sentados ao seu lado.

– Olá, olá! – disseram os dois ao mesmo tempo, sendo muito sarcásticos. Quem encontramos por aqui!

– Quem são vocês? – perguntou Michael com medo em sua voz. – E o que vocês estão fazendo aqui?

– Você não se lembra de nós?

Um deles pegou no braço de Michael com força enquanto dizia ao outro:

– Ele não recuperou sua memória espiritual ainda.

Gina e Paul conversavam e riam, sem notar o que acontecia no banco de trás.

– Agora me lembro – disse Michael. Foram vocês naquele hospital na Áustria, não foram? Foram vocês que me atacaram naquele dia. O que vocês querem de mim?

Os dois homens pegaram Michael pelos braços, fecharam seus olhos e desapareceram no ar, viajando pelo espaço.

O plano dos escravos

– Onde estamos agora? Para onde vocês me trouxeram? – perguntou Michael, aflito enquanto tentava se livrar dos dois.

– Olhe em volta, você deveria reconhecer este lugar. Nós o trouxemos à cidade de Liverpool. Agora, finalmente, vamos conseguir lhe ensinar uma lição, seu trouxa!

O outro espírito continuou:

– Queremos vingança. Você vai pagar cada gota de sangue que sua família tirou de nosso povo. Cada morte, cada crueldade que fizeram.

Michael não entendia nada do que estavam dizendo. O mau cheiro que emanava dos dois era tão forte que Michael não conseguia nem falar.

– Você deveria se lembrar de quanta dor você e seu pai causaram a nós. Você e seu pai têm nosso sangue em suas mãos. Vocês eram comerciantes de escravos e construíram enorme fortuna capturando africanos como nós e vendendo mundo afora. Vocês separaram muitas famílias mandando membros da mesma família para países diferentes. As pessoas mais velhas eram mortas como forma de mostrar aos mais jovens como eles seriam punidos caso não obedecessem; as crianças eram torturadas e usadas feito escravas e empregadas nas casas das pessoas ricas. Muitos eram enviados para fazendas na América, trabalhando muitas horas debaixo do sol quente.

– A família Worley costumava mandar seus funcionários para caçar meu povo e torturar aqueles que eram corajosos o suficiente para resistir a eles. Todo o dinheiro que vocês ganharam foi sujo, com o sangue de nosso povo. Mesmo agora, tantos anos depois que o comércio de escravos acabou, meu povo ainda carrega na alma as marcas brutais daquele tempo. A família Worley causou dor demais, e agora queremos vingança.

– Vocês estão errados... pegaram a pessoa errada. Sou Michael. Michael Barker. Eu nunca feri ninguém... se vocês estiverem falando sobre aquela experiência em Liverpool, não era eu! Eu era Jonathan... eu era contra tudo aquilo...

– Cale-se! – gritou um dos homens.

Eles arrastaram Michael para dentro de uma casa abandonada e assim que entraram, o jogaram em um canto. Amarraram suas pernas com uma longa corrente de metal ligada a uma pesada bola de ferro.

– Vocês estão cometendo um engano, vocês pegaram o homem errado! Paul... meu primo Paul é o homem que estão procurando. Ele foi Peter Wor...

Michael foi interrompido novamente.

– Ouça. Ficamos atrás de você e de sua família por muitos anos. Você se safou por duas vezes, mas não vai fugir de novo. Seu pai é o próximo da lista. Se aqueles malditos espíritos benfeitores não tivessem levado o assassino embora, ele já estaria pagando pelo que fez. Mas, agora que sabemos que ele está encarnado, ele não escapa.

– Por que vocês estão rodeando minha família? O que vocês querem com a gente?

Os homens riram alto.

– Você não faz ideia do que está acontecendo, não é? Nós queremos seu pai, e é apenas uma questão de tempo até conseguirmos colocar as mãos nele. Há muita gente no rastro dele, além do que, estamos seguindo ordens de nosso líder. Quanto a você, vai ser nosso prisioneiro aqui até pegarmos seu pai.

– Meu pai? Mas ele desencarnou há muitos anos...

– Não seu pai da última experiência aqui na Terra, seu tolo. Estamos falando do patriarca dos Worley! Ele está na Terra agora, e vamos fazer de tudo para acabar com ele.

– E, a propósito – acrescentou o espírito maligno –, nem tente escapar. Não há nada que você possa fazer para sair daqui e ver sua família. Nós vamos persegui-los até pegar o garoto.

– O garoto? Do que vocês estão falando? Deixe minha esposa e meus filhos em paz. Meus filhos não têm nada a ver com o problema de vocês.

Ainda com sua perna amarrada à corrente de ferro, Michael ficou de pé e pulou no pescoço de um deles: – Deixe minha família em paz! – ele gritou.

O mais alto dos dois espíritos empurrou-o para trás, jogando-o de volta ao chão. Eles eram muito fortes, e Michael naquele momento era minoria. Subitamente, sentiu sua energia se extinguir, e não conseguia mais ficar de pé e nem se mexer.

– Você é burro? Você se esqueceu de nossa força? Não tente nos enfrentar e nem escapar e você ficará bem, do contrário, irá sofrer as consequências.

O mesmo agressor deu um soco em Michael e, aproximando-se bem de seu rosto, disse:

– É melhor escutar com atenção e obedecer às regras, senão quem vai pagar são sua querida esposa e seus filhos. Nós estamos o tempo todo junto deles, e acredite, podemos causar muitos males a eles.

– Vamos nos vingar de você assim que pegarmos seu pai. Por enquanto, vamos lhe dar uma tarefa. Olhe lá. Vê aquela garota?

Na casa havia lixo espalhado por todos os lados. Papéis usados e latas de cerveja vazias por toda a parte. Havia uma pequena garota negra de aproximadamente sete anos de idade sentada ao chão, rodeada por toda aquela bagunça; ela segurava uma boneca suja, que mais parecia uma parte do lixo do que um brinquedo de criança. A menina brincava com a boneca, penteando o cabelo dela. Ali perto estava a mãe da menina, dormindo num sofá.

Michael observava a garotinha, ao mesmo tempo que sentia pena dela.

– O nome dela é Gabrielle – explicou um dos espíritos. Ela tem sete anos. Seu pai é um alcoólatra e a mãe é violentada por ele diariamente. Gabrielle passa o dia todo vendo TV, brincando com sua boneca e esperando que seu pai não volte para casa bêbado.

– Sinto muito por ela, só de olhá-la – disse Michael. Mas o que vocês querem que eu faça? Minha vida está uma bagunça. Só consigo pensar em minha família, e não consigo saber como eu posso ajudar essa pequena criatura.

– Você está proibido de se aproximar de sua família. Se fizer isso, seus filhos vão pagar caro. Vamos enviar tanta coisa ruim para eles que vão cair doentes e morrerão. Siga nosso esquema e sua família ficará bem... Bem, pelo menos duas das crianças, porque para o garoto não há salvação. Se você não odedecer, pegamos os outros também. Como pode perceber, está na sua mão.

– Sim, vou obedecer – respondeu Michael.

– Bom. Você não é tão burro quanto pensávamos. Vamos deixá-lo aqui por enquanto e retornaremos para avisar o que queremos de você. Por agora, apenas observe a família e nem pense em tentar fugir. Nós temos como localizá-lo onde quer que você vá. Sua corrente é monitorada por nós. Ela é comprida o suficiente para que você vá para qualquer lugar da casa, menos sair da casa.

– Acredito que eu não seja a melhor pessoa para fazer esse trabalho; minha cabeça está uma bagunça. Insisto em dizer que vocês pegaram o homem errado... Paul está lá, livre, vocês deveriam ir atrás dele! Eu ajudarei vocês a se vingarem dele se quiserem, mas por favor, deixem-me ficar com minha família...

– Cale a boca! Fique quieto aqui e faça apenas aquilo que pedirmos.

Os dois homens começaram a se distanciar dele.

– Não se esqueça, Michael, que se você perder o controle, as consequências serão muito grandes, não apenas para sua família, mas também para Gabrielle. Estamos indo agora, mas voltaremos logo. Se precisar nos chamar, meu nome é Buziba, e meu amigo aqui é Enu.

Os dois espíritos malignos deixaram a casa e viajaram rumo à cidade de Londres.

"Por que eles pensam que sou Peter? Eu nunca conseguiria me comportar daquele jeito, nunca teria cometido aqueles atos... O que eles querem de mim?", pensou Michael enquanto observava Gabrielle brincar com sua boneca.

Seus pensamentos foram interrompidos por Oscar, que voltava para casa. Oscar bateu a porta, acordando a mulher que estava dormindo no sofá.

– Eu te acordei? Vá fazer meu jantar, porque estou com fome! – disse Oscar gritando.

Nina, sua esposa, parecia também estar bêbada. Tropeçando enquanto caminhava, ela atravessou a sala entre o lixo espalhado pelo chão, em direção à cozinha.

Gabrielle parou de brincar e olhou para seu pai, esperando que ele lhe dissesse alguma coisa.

– Hey, você – ele disse à filha – tire seus olhos da televisão.

Michael assistia a tudo do canto da sala, e cada vez sentia mais pena da pequena Gabrielle. A energia na casa era muito baixa e depressiva, e Michael tentava arduamente não chorar nem ficar ainda mais deprimido. Sabia que se não seguisse as ordens, sua família teria problemas. Notando a expressão triste de Gabrielle, ele caminhou até ela e sentou-se no chão ao seu lado. Ele colocou as mãos próximas de seu rosto e começou a pensar na Colônia Espiritual em que havia estado anteriormente. Pensou nos animais vivendo livremente pelos campos, nos lagos, nas paisagens deslumbrantes lá existentes e na energia de paz que sentiu naquele lugar. De repente, Michael mudou sua própria energia e conseguiu inspirar Gabrielle com seus pensamentos. Ela, então, pegou sua boneca e começou a brincar novamente enquanto Michael continuava a inspirar a garotinha com pensamentos positivos, de paz e harmonia.

Depois de um tempo, e após Oscar ter gritado com sua esposa muitas vezes para que ela se apressasse com o jantar, Nina entrou na sala de estar carregando dois pratos de comida. Deu um para seu marido e outro para Gabrielle. A garota agradeceu a mãe com um olhar de medo e comeu a comida como alguém que tinha ficado com fome o dia todo. Seu pai olhou, então, para ela e disse com dificuldade em sua voz devido à embriaguez:

– Está bom, não é mesmo? Você vai ter de aprender a usar o microondas logo para não depender mais de sua mãe preguiçosa para ter comida. Você está muito magra. Está em fase de crescimento, precisa comer, do contrário, vai acabar se tornando uma mulher burra igual à sua mãe, precisa comer mais.

Após proferir tais palavras, Oscar soltou uma gargalhada que soou um tanto quanto perturbadora.

Gabrielle não sabia o que dizer. Tinha aprendido na sua curta vida que seus pais eram muito instáveis e podiam mudar de humor muito rapidamente, indo da alegria e da brincadeira para a raiva e a agressividade, em questão de segundos. Baixou a cabeça e voltou a brincar com sua boneca.

Enquanto isso, Nina, com raiva do marido, acendia um cigarro antes de sair da sala. Oscar caiu no sono no sofá logo após o jantar. Gabrielle continuou a brincar com a boneca por mais um tempo e, então, tarde da noite, pegou sozinha um pequeno cobertor branco que tinha sido deixado no chão e foi para seu quarto no andar de cima. Sozinha, ela foi para a sua cama, cobriu-se com o cobertor sujo e adormeceu. Michael, que tinha seguido todos os passos da pequena garota, chorou quando viu a menina indo para cama sozinha, sem ninguém para cuidar dela, sem ninguém para lhe dar um beijo de boa noite ou contar-lhe uma história para dormir. Michael deitou ao lado dela e, abraçando-a, cantou uma música que costumava cantar para seus filhos quando, à noite, os fazia dormir.

No dia seguinte, de manhã cedo, Michael acordou ao som de Buziba e Enu gritando com Oscar.

– Você precisa de uma bebida... você está com vontade de uma bebida! Beba, idiota! – gritava Buziba próximo à cabeça de Oscar.

– Na verdade, você precisa de uma pedra. Você precisa desesperadamente de uma pedra! – gritou Enu.

Mesmo que Oscar não conseguisse ver ou ouvir os dois espíritos, influenciado pela vibração deles, ele imediatamente pulou da cama, pegou um cachimbo que estava no criado-mudo ao lado da cama e acendeu uma pedra de crack.

Buziba e Enu, apontando para Nina que dormia ao lado de Oscar, disseram:

– Veja essa mulher preguiçosa... ela precisa conseguir um emprego!

Totalmente influenciado pelos dois espíritos obsessores, Oscar começou a mexer com a esposa que dormia, repetindo as palavras de Buziba e Enu.

– Vá arrumar um emprego, sua vadia! Levante! Ande!

Em seguida, Oscar agarrou a esposa pelos cabelos e a puxou para fora da cama.

Buziba e Enu riam e pareciam se divertir muito com toda aquela situação. Oscar, quanto mais fumava, mais agressivo se tornava. Ele deu um tapa na cara de Nina, que ainda estava meio adormecida e gritou palavras sem sentido. Assim que levou o tapa, Nina despertou, e acometida por um impulso de raiva ela revidou, batendo nele. Os dois, então, começaram a brigar.

Michael assistiu a toda a cena, e no momento em que atingiram o ponto de machucarem um ao outro, percebeu que o barulho tinha acordado Gabrielle e que ela também estava assistindo. Ela ficou de pé entre seus pais e implorou ao pai que parasse.

– Pare, papai. Você vai machucar a mamãe!

Oscar empurrou sua esposa para o chão e saiu do quarto. Nina sentia dores no corpo e seus lábios sangravam. Gabrielle correu para o banheiro e retornou trazendo uma toalha úmida para limpar o sangue dos lábios de sua mãe.

– Você viu, Michael, o que podemos fazer com sua família? – perguntou Buziba ainda rindo.

– O que você quer dessa família? Por que você os obsidia?

– Nós o queremos – respondeu Enu. – Oscar traiu nosso líder, e nossa missão é fazer da vida dele uma miséria. Nós estamos no encalço dele desde que reencarnou. E vamos levá-lo ao suicídio.

– E Gabrielle e sua mãe? Por que causa tanto sofrimento a elas?

– Elas não são importantes; nós queremos é o Oscar. Estamos nos lixando para as duas – respondeu Buziba.

– Além disso, é engraçado ver as duas sofrendo – complementou Enu. Você não acha?

– Agora ouça qual é sua tarefa, escravo. Você viu como nossos pensamentos influenciam os dele. Queremos que você lhe envie vibrações ruins, pensamentos ruins ligados, principalmente, ao uso de drogas e ao suicídio. Queremos deixá-lo no limite, até que não consiga mais resistir, e que sua morte seja lenta e dolorosa. Ele ainda está viciado em crack e não vai levar muito tempo até que morra. Até lá, queremos causar-lhe o máximo de sofrimento que pudermos. E como temos muitas atividades para executar, deixaremos você aqui como nosso escravo. Você irá atormentá-lo sempre que não estivermos aqui.

– Não posso. Isso não é certo! Não posso causar dor a essa pequena criança! – Buziba olhou para ele com expressão séria.

– Se não quiser ver sua família sofrer, você vai fazer. E fim de papo.

– Antes de partirmos – acrescentou Enu – , não se esqueça de que todas as vezes que você não conseguir influenciar o Oscar, é a sua família que paga!

Pela primeira vez, Michael arrependeu-se de ter saído da Colônia e de ter deixado Mateo e Harriet. Encostou-se na parede e chorou, com piedade de si mesmo.

Seis meses depois

A situação na casa piorava. Oscar perdera o emprego e passava a maior parte do tempo fumando crack. E por estar constantemente sob o efeito das drogas, agia com violência contra a esposa. Não era apenas Oscar quem havia mudado para pior, Michael também estava com uma aparência muito diferente. Tinha olheiras escuras; parecia estar no limite de suas forças e vivia rodeado por uma nuvem negra, tudo por causa das sessões de obsessão que realizava com Oscar. Todas as vezes que emitia pensamentos negativos, esses afetavam o seu espírito também. Conseguia sentir que toda a energia ruim que ele enviava voltava para ele com mais intensidade. Era a lei da ação e reação.

Após algumas semanas, Michael, esgotado, já não conseguia mais executar a sua tarefa. Buziba e Enu, então, assumiram a missão e passaram a atormentar Oscar por quase vinte e quatro horas por dia. Michael, exaurido em suas energias, não conseguia se mover. Passava os dias muito deprimido, deitado no chão. Gina e as crianças, aos poucos, se distanciavam de sua memória, pois ele não conseguia nem mais pensar.

Oscar tornou-se altamente viciado em heroína, mendigando nas ruas, roubando ou usando drogas. Dificilmente voltava para casa. No ponto a que chegou, estava completamente cercado por espíritos malignos e sofredores.

Certo dia, Oscar resolveu voltar para casa e foi diretamente para o quarto. Quase nem conseguia caminhar e sua visão estava completamente turva. Nina e Gabrielle não estavam.

Do outro lado da cena, estava Michael, deitado no chão do quarto, sem forças. Naquele dia, Michael conheceu o líder da legião do mal.

Uma criatura muito alta, diferente de qualquer coisa que Michael já tinha visto; ele apareceu de repente no quarto. Tinha odor desagradável e usava uma capa, tornando difícil distinguir seu corpo e suas formas reais. Viam-se sombras escuras em volta daquela criatura alta. As sombras escuras eram iguais a parasitas que acompanhavam e circulavam o líder. Buziba e Enu também estavam presentes entre os demais espíritos malignos. Alguns deles eram viciados que se juntavam a Oscar e se beneficiavam dos efeitos da droga, enquanto outros ainda não haviam aprendido o sentido do amor e por isso dedicavam sua vida a fazer maldades ao próximo.

A criatura não notou a presença de Michael e passou por ele, indo diretamente para a cama onde Oscar estava sentado. O odor que a criatura exalava era tão forte que Michael ficou paralisado. O líder da legião maligna aproximou-se de Oscar e gritou com ele.

– Morra, seu bastardo! Você não é nada! Você nunca foi um homem de verdade. A vida pode ser bem melhor sem um ser miserável igual a você. A sociedade será bem melhor sem você. Morra!

Imediatamente, Oscar pareceu entrar em transe. A aflição o dominava e seu coração batia muito rápido. Totalmente conectado às vibrações malignas que lhe eram renovadas, ele iniciou um ataque de pânico. Em seguida, foi até seu armário e olhou em todas as gavetas; encontrando uma seringa, com sua mão tremendo, preparou a heroína.

O líder da legião do mal continuou:

– Você tem que morrer para vir comigo e pagar as suas dívidas. Traidor. Vamos lá, injete a droga em suas veias! Sua vida é miserável porque você não é nada. Injete a heroína...

Ele riu bem alto quando Oscar, intuitivamente, seguiu suas ordens e injetou a droga. Naquele momento, as sombras escuras que ficavam em volta do líder da legião se agitaram e começaram a se mover, passando através do corpo de Oscar. Os olhos de Oscar ficaram vermelhos, e suas veias ficaram visivelmente escuras. Após alguns segundos, seu corpo começou a tremer e ele caiu deitado na cama. Em seguida, Oscar teve uma convulsão.

Sua alma levantou-se, ainda ligada ao corpo. Sua visão fixou-se em seu corpo, que estava tremendo na cama. Ele sentiu mais pânico. Em espírito, ele assistia à morte de seu corpo físico. Olhou em volta da sala e viu Michael no chão, assustado, olhando para ele. No outro lado, viu Buziba, Enu e todos os outros espíritos inferiores. Estavam todos olhando para ele como se fosse sua presa.

O líder da legião do mal olhou profundamente em seus olhos e disse:

– É só uma questão de tempo até que seu corpo morra e você retorne para o mundo de verdade. Você vai morrer logo.

Aterrorizado, Oscar olhou para ele e naquele momento sentiu que o laço que ligava seu corpo à sua alma rompia-se. Ao se libertar do corpo humano, Oscar foi imediatamente preso pelos espíritos da legião do mal.

– Traga o bastardo! – disse o líder para os demais espíritos que naquele momento cercavam a alma de Oscar. Vamos agora torturá-lo. E, virando-se, olhou para Michael:

– Como se sente sendo um prisioneiro agora? Espero que aproveite ao máximo seus momentos aqui nesta casa, porque em breve pegaremos seu pai e, então, será a hora de vocês, Worleys, pagarem por tudo que fizeram!

Em seguida, todos se retiraram. Michael ficou imóvel no chão. Nunca em toda a sua vida tinha visto cena tão aterrorizante como aquela. Momentos depois, Nina e Gabrielle, adentrando a casa, encontrariam o corpo morto de Oscar na cama.

Michael fechou seus olhos. Não conseguiria encarar mais aquele sofrimento. Enquanto Nina gritava e tentava reavivar seu marido, Michael tampava os ouvidos com as mãos, e, finalmente, naquele momento de dor, lembrou-se de chamar por Deus.

– Por favor, Deus, me ajude!

As visões de Harry

Gina e Isabel encontraram-se para almoçar após Gina alegar que precisava conversar com ela. Quando Gina chegou à casa de Isabel, parecia muito assustada. Preocupada, Isabel ofereceu-lhe um chá, que Gina aceitou prontamente.

– Precisava tanto te ver e conversar com você – disse Gina.

– O que foi? – perguntou Isabel enquanto fervia a água para o chá.

– Isso é tão constrangedor. Não sei nem como começar...

– Somos feito irmãs, Gina. Não vá me dizer que é algo tão horrível que te faria ficar com tanta vergonha de me contar. Agora fale, porque você está me deixando preocupada. Conte!

– É Harry... acho que ele está perdendo a cabeça, sei lá... continua fazendo e dizendo coisas estranhas... – pausou por alguns instantes e logo após continuou:

– Me ligaram da escola ontem por causa do comportamento dele. Ele ainda está falando sobre aqueles homens negros que o seguem pela nossa casa. A situação piorou desde que começou a dizer que os tais homens começaram a falar com ele. Paul me aconselhou a levá-lo para se consultar com um amigo dele que é psiquiatra, e então Harry tem feito sessões com ele. Isso já faz quatro semanas, mas parece que não está resolvendo.

– Pensei que ele tivesse parado com tudo isso, pois você nunca mais mencionou nada a respeito.

– É que estava envergonhada com essa coisa toda. Meu garotinho está perdendo a razão, agindo feito um louco. Ontem me chamaram na escola. O diretor me mostrou alguns desenhos que ele tem feito na aula, e fiquei chocada...

Ela parou, respirou fundo e continuou:

– Ele fez desenhos de um homem todo de preto me empurrando da escada. Há vários deles. Em alguns, o homem está matando Michael e eu ao mesmo tempo, e em outros, Michael já está morto, coberto de sangue, com esse homem em cima dele.

– Meu Deus, Gina, que horrível!

– Eu sei. Ele assinou seu nome em todos os desenhos. Tudo isso é tão constrangedor. Claro que todos disseram que estão muito preocupados com ele e queriam saber que tipo de precauções estou tomando – ela suspirou e continuou:

– Agora não sei mais o que fazer. Sinto medo de deixá-lo sozinho com Kit e Grace, porque não sei o que se passa em sua mente. Imagine se ele faz algo contra a irmã e o irmão? Tenho de vigiá-lo vinte e quatro horas, todos os dias, e no fundo, me sinto tão perdida. Ele se tornou agressivo com todo mundo...

– Acalme-se, Gina. Primeiramente, você não tem de pensar no que os professores ou as outras pessoas acham sobre isso. Não é hora para ninguém te julgar enquanto mãe – eles deveriam é te ajudar a lidar com o problema. Esqueça as opiniões dos outros e pense apenas no seu filho. Você conversou com Harry a respeito dos desenhos?

– Sim. Perguntei o que ele queria dizer com aquilo, e ele disse que aqueles homens assustadores, que agora conversam com ele, disseram que ele vai morrer, porque é um menino mau, e muitas outras coisas. Confesso que perdi o controle com ele depois de todo esse tempo, e cheguei até a sacudi-lo com força. Gritei com ele, dizendo-lhe para parar de inventar histórias. Aí, depois, me senti muito mal por ter perdido a calma, mas simplesmente não sei mais o que fazer...

Gina começou a chorar.

– Michael me deixou aqui sozinha. Agora, tenho de trabalhar e manter a casa, cuidar de meus três filhos, e ainda zelar pelo meu filho que parece estar enlouquecendo.

Gina chorou por um tempo, com suas mãos cobrindo seu rosto, e Isabel, abraçando-a, deixou que chorasse, pois sabia que Gina precisava extravasar todos aqueles sentimentos ruins de seu peito. Após liberar aquele estresse, Gina sentiu-se um pouco mais calma.

– Tudo vai ficar bem – afirmou Isabel. – Você está muito para baixo, Gina, eu nunca te vi assim. Você tem lindos filhos e uma situação financeira confortável. Você tem

Paul, que tem sido muito companheiro e prestativo... sinto em lhe dizer isso, mas você está sendo dramática demais quando diz que toda a sua vida está em colapso. Agora, tenho de concordar com você que a situação de Harry inspira cuidados, e cuidados adicionais, e prometo que vou ajudá-la nesse sentido. Mas por favor, concentre-se nas coisas positivas e verá que, quanto mais pensamentos positivos você alimentar em sua vida, mais facilmente vai resolver os problemas. Quando alimentamos pensamentos negativos, de tristeza, não conseguimos enxergar a questão que nos incomoda com clareza.

Gina continuava muito deprimida, então, Isabel continuou:

— Você sempre foi tão alegre, disposta e positiva, cheia de energia, uma mulher forte! Você perdeu uma pessoa muito importante em sua vida, e Harry pode estar se sentindo perdido também.

Gina permanecia calada. Isabel continuou:

— Sei que você sempre recusou meus convites. Dessa vez, não estou convidando, mas dizendo para você vir comigo ao centro espírita na terça-feira. Vou buscá-la às seis horas – e sem desculpas.

— Terça-feira é a noite de folga da Juliana, então não terei ninguém para cuidar das crianças para mim.

— Sabia que você acharia uma desculpa. Não tem problema, porque no centro eles têm aula de evangelização para crianças também, então, pode levá-los com você. Será bom para Harry, já que fazem sessões de cura para crianças. Convide Paul, eu tenho certeza de que ele gostará da energia boa daquele lugar. Você encontrará lá pessoas que estão em busca de paz.

– Sim, prometo que vou pensar nisso. Mas por favor, me fale mais sobre esse lugar.

– Amelia, a fundadora, oferece as reuniões em uma casa dela em um bairro no norte da cidade. Ela reformou a casa especialmente para estar apta à realização das reuniões e para fazer seus trabalhos de caridade. Temos as reuniões gerais todas às terças e quintas-feiras, à noite, para o público em geral. Nas reuniões, aprendemos sobre *O Evangelho Segundo o Espiritismo,* que é uma das obras mais importantes de Allan Kardec. Nessa obra, ele revê alguns dos ensinamentos mais importantes de Jesus e os relaciona ao Espiritismo. Nossa doutrina segue os estudos dele e suas obras fundamentais são: *O Livro dos Espíritos, O Livro dos Médiuns, A Gênese de acordo com o Espiritismo, Céu e Inferno e O Evangelho Segundo o Espiritismo.* Na casa espiritual, também há aulas semanais para as pessoas com mais conhecimento acerca do Espiritismo e das obras de Kardec.

– Uau! Acho que fiquei atordoada com tanta informação.

– É natural que fique assim. Confie em mim. Você vai gostar muito dessa visita.

As amigas continuaram sua conversa, e quando Gina se despediu de Isabel, estava se sentindo bem mais aliviada e disposta a enfrentar seus desafios.

No dia seguinte, na sala de aula, enquanto o professor lia um conto e solicitava a todos os alunos que prestassem atenção, pois iriam discutir a história depois, Harry segurava seu lápis com força, com as duas mãos. Com rosto bastante sério, o menino exibia um olhar maldoso.

O que ninguém na sala de aula percebia naquele momento era a presença de dois espíritos de aparência horrenda que rodiavam Harry. Eles alimentavam o menino com pensamentos de raiva e rancor, incitando o pequeno à muita maldade.

– Você achou que iria se esconder para sempre? – disse Buziba a Harry.

– Você sofrerá como nunca sofreu antes! – Buziba continuou a atormentar o menino.

Enu pegou na orelha de Harry e disse:

– Mas antes que isso aconteça, nós vamos nos divertir muito com você, e fazer que sua vida e a de toda sua família se torne um inferno.

Harry começou a se agitar. Seu coração batia rápido, suor começou a escorrer de sua testa e, embora não conseguisse ver os obsessores, sua alma conseguia sentir a presença deles e de sua energia negativa.

De repente, as vozes de Buziba e Enu tornaram-se claras para Harry. O menino pôde ouvir tudo.

– Faremos sua mãe e aquele namoradinho dela sofrerem. E você sabe por quê? Porque você não merece ter uma família boa. Você é um pequeno idiota! – disse Enu, ainda segurando sua orelha.

– Não! – Harry gritou ao ouvir aquelas palavras.

Seu professor e os colegas ficaram horrorizados com o grito do menino.

– Me deixem! Me deixem em paz – gritava o garoto, sem parar.

Naquele momento, todas as crianças, assustadas, correram e se aglomeraram ao redor do professor. Todas com medo de seu comportamento. Nesse meio-tempo, Harry continuava a gritar:

– Me deixem!

O professor largou o livro no chão e foi até ele.

– Harry! Com quem você está gritando?

Harry quebrou ao meio o lápis que segurava e gritou ainda mais alto:

– Eles estão atrás de mim, senhor Johnson, e querem pegar minha mãe também! Eles querem nos matar!

Divertindo-se com a situação, Buziba e Enu intensificaram a obsessão gritando palavras sem sentido em seu ouvido, criando mais perturbação e confusão em sua mente.

Harry subiu na cadeira e em seguida subiu na carteira e passou a gritar e a gesticular, com movimentos largos com os braços, na tentativa de acertar Buziba e Enu, no entanto, acabou por acertar o professor, que procurava acalmá-lo. As crianças, em pânico, assistiam à cena aterrorizadas. Harry agitou-se ainda mais e começou a chutar o professor que tentava segurá-lo.

Quanto mais Buziba e Enu gritavam, mais ele se estressava. Passou a correr pela classe gritando e pegando as coisas de outras crianças e arremessando-as pelo ar.

No invisível, de repente, a sala iluminou-se e dois espíritos benfeitores chegaram para acalmar a situação. Rindo bem alto, Buziba e Enu deixaram a sala, assim que perceberam a presença dos dois benfeitores. Enquanto o professor, finalmente, conseguia conter Harry, os espíritos benfeitores faziam uma prece com suas mãos voltadas sobre a cabeça do menino.

Sentindo-se mais calmo, mas ao mesmo tempo muito vulnerável, Harry começou a chorar, contudo as demais crianças começaram a xingá-lo. O professor, então, o levou para fora da sala pedindo ordem e silêncio à classe.

– O que foi isso que aconteceu, Harry? Você está ficando louco? Sinto muito, mas esta foi a última vez... – disse o professor conduzindo-o à sala do diretor.

Gina chegou à escola em alguns minutos, após ter recebido a ligação da secretária do diretor. Estava preocupada com a saúde mental de seu filho, mas também muito constrangida, por ser aquela a quarta vez que comparecia à escola por causa do mau comportamento de Harry.

– Sinto muito, Senhora Barker, mas creio que, como não há nada de errado com a saúde de seu filho – disse o diretor da escola com olhar sério e já impaciente, – terei de classificar o ocorrido como um incidente muito grave. Sendo esta a quarta vez que seu filho apresenta comportamento violento e desordeiro, terei de expulsá-lo da escola.

– Expulsá-lo? O que você quer dizer? Expulsar meu filho da escola... é assim que a escola mostra suporte e ajuda?

– Sinto muito, senhora Barker, não é mais uma questão de apoio e ajuda. Somos responsáveis por outros alunos também e receio que o comportamento de seu filho não seja... como posso dizer isso de uma forma mais adequada...

– Oh, eu entendo, senhor Morrison. Por favor, me poupe de sua forma mais correta de tentar dizer que o meu filho é um problema para você e para sua escola. O que você realmente quer dizer é que meu filho está ficando doido e, portanto, não é seguro que fique com outras crianças.

– Não disse que seu filho seja doido. Quem disse isso foi a senhora...

Sabendo que seria inútil argumentar, Gina simplesmente levantou-se e saiu da sala da diretoria. Harry estava do lado de fora, sentado em uma cadeira no corredor, esperando por ela com sua mochila nas costas.

– Sinto muito, mãe – disse o menino de cabeça baixa.

Gina não sabia o que dizer. Estava muito brava, mas não queria perder a calma com ele, então decidiu não dizer nada.

– Eu estava com medo. Consegui vê-los. Eram dois homens, mamãe. Os mesmos homens que vi as outras vezes... são negros e disseram que vão nos matar... eu e você.

– Já chega, Harry. Chega! Vamos para casa.

Horas depois...

– Que bom te ver, Paul – disse Gina enquanto o abraçava do lado de fora de sua casa.

– Está tudo bem agora – disse Paul acariciando seus cabelos.

– Sinto por não ter conseguido chegar mais cedo. Nós tínhamos acabado de receber a filmagem de nosso correspondente na Síria quando você me ligou. É horrível o que está acontecendo por lá.

– Desculpe-me, Paul, por deixá-lo preocupado e por te tirar do trabalho...

– Não se preocupe, querida. Está tudo bem. Você estava chorando no telefone, e eu nunca te deixaria num momento desses. Talvez eu tenha de retornar ao trabalho mais tarde para aprovar a edição final, mas não importa. Vamos aproveitar o tempo que temos juntos. Deixe-me levá-la para jantar.

– Tem certeza de que pode se ausentar de seu trabalho agora com tantas coisas acontecendo?

– Sim, está tudo bem. Juliana vai ficar cuidando das crianças, não vai?

– Sim, vai – disse Gina parecendo muito triste.

– Tudo certo, então. Vamos ao seu restaurante italiano favorito. Tenho certeza de que vai ajudar a te animar.

Gina, a caminho do restaurante, contou a Paul sobre o incidente ocorrido na escola. Quando chegaram ao restaurante, foram recebidos pelo proprietário, o Senhor Angelo.

– *Ciao*, Paul, *Ciao*, Gina. Que surpresa boa vê-los aqui – disse o homem com sotaque italiano bem acentuado.

– *Ciao*, Angelo – disseram Paul e Gina quase ao mesmo tempo.

– Como vocês estão? Não vejo vocês dois faz um bom tempo.

– Estamos bem, obrigado – respondeu Paul.

– Como estão seus filhos, Gina? – perguntou Angelo com o seu forte sotaque e gesticulando com as mãos.

– Estão todos bem, Angelo... bem, você sabe, inquietos como sempre, mas estão bem.

– Sua mesa favorita, perto da janela, está disponível. Por favor, sentem-se.

– Obrigado, Angelo – disse Paul.

– Deixem comigo, eu lhes trarei *focaccia*[2] com *sardela*[3], que vocês gostam tanto, e claro... o vinho!

Os dois se sentaram, e em poucos minutos Angelo os serviu das entradas favoritas e do vinho. Ele era originalmente de Nápoles e conhecia Paul fazia muitos anos. Era um homem muito animado e carismático e, talvez por causa de sua idade avançada e de seu jeito paternal, conquistara o carinho de Paul. Desde que Gina foi apresentada a ele, ela também ficou encantada com seu jeito alegre de ser, e, então, seu restaurante tornou-se o favorito do casal.

No restaurante de Angelo, eles não só se serviam de comida tradicional italiana, mas também desfrutavam de um lugar onde podiam recarregar suas energias devido à alegria e à harmonia que pairavam no local. Angelo tinha uma paixão contagiante pela vida. Era muito intenso e vibrante. Sua energia positiva influenciava todos aqueles que estivessem à sua volta, fazendo-os que se sentissem à vontade e felizes.

– Ainda me sinto horrível. E mesmo sabendo que não é culpa dele, não consegui nem olhar para meu filho naquele momento.

– Gina, Harry realmente não tem culpa. Precisamos descobrir o que está acontecendo.

– Os médicos disseram que não há nada de errado com ele. O psicólogo disse que é por causa da morte de Michael – ela respirou fundo e continuou:

– Mas agora ele foi expulso da escola!

---

2. Focaccia – pão de origem Italiana (Gênova), achatado e em geral coberto de sal grosso, azeite de oliva e alecrim.
3. Sardela – patê de origem Italiana, cuja receita leva sardinha, tomate e alho.

– Não me preocuparia com a escola. Esse é um detalhe. Isso se resolverá encontrando-se outra escola. Vamos nos concentrar agora em como ajudá-lo.

– É muito doloroso para mim me lembrar de seus olhos tristes, mas eu simplesmente não consegui falar com ele.

– Não se culpe, querida. Você também precisa de tempo, pois tem sido muito difícil para você. Por que você não tenta...

– O quê? Você também não está pensando em...

– Sim, no centro espírita que Isabel e Juliana frequentam.

– Ah, Paul, até você?! Juliana e Isabel já insistem nessa ideia há tanto tempo, e agora, você!

– O que você tem a perder? Temos levado Harry a tantos médicos e especialistas e nada tem ajudado. Ele continua dizendo que aqueles homens vestidos de negro estão atrás dele, e que sente medo. Não sei, Gina, mas talvez, possamos tentar.

Subitamente, Gina abriu um sorriso tímido.

– Por que você sorriu?

– É que acabei de perceber...

– Perceber o quê? – perguntou Paul, curioso.

– Acabei de perceber que você disse "nós", em vez de "eu" ou "você". Você já pensa em nós como um casal...

– Sim... É verdade.

Paul segurou nas mãos dela, olhou firmemente em seus olhos e disse:

– Te amo, Gina. Eu te amo desde que Michael nos apresentou pela primeira vez, anos atrás. Quando te conheci senti como se já nos conhecêssemos de algum outro lugar, foi uma emoção muito forte. Mas eu nunca falaria nada. Nunca trairia meu primo e meu melhor amigo mesmo que, às vezes, eu sentisse algo muito forte por você. Não sei explicar o porquê, mas também não acho que tenhamos de explicar o amor. Eu simplesmente te amo e quero dividir minha vida com você.

Gina ficou em silêncio por alguns segundos e, em seguida, enxugou uma lágrima que escorria de seus olhos e disse:

– No começo, eu não sabia se esse meu sentimento por você existia em razão de eu estar vulnerável ou de me sentir segura ao seu lado... às vezes, me sentia culpada porque eu pensava que talvez estivesse traindo o Michael... mas a verdade é que eu não sentia com ele a felicidade que sinto quando estou com você. Com você, me sinto segura, amada e ao mesmo tempo usufruo de um tipo de liberdade que eu nunca tinha vivenciado com ele. Por favor, não me entenda errado. Eu o amo, mas de alguma forma, as coisas com você são mais especiais, de um jeito jamais experimentado antes.

– Michael, às vezes, era muito ciumento e possessivo, e só agora eu percebo o quanto eu acabei abrindo mão de minha própria vida, dos meus próprios desejos e projetos pessoais para poder ficar com ele. Eu amava Michael, mas somente hoje entendo que talvez se eu tivesse sido mais forte e não tivesse me colocado em segundo plano como fiz, tudo teria sido diferente.

– Gina deixou cair outra lágrima e, após breve pausa, continuou:

– Com você, tudo flui mais facilmente. Você me dá forças para prosseguir... vai soar um absurdo o que vou dizer, mas parece que nós estivemos juntos pela vida toda. Eu amo você, Paul.

– E eu amo você, Gina.

Liverpool – 1826

Felicity estava em casa costurando quando ouviu um barulho forte de abrir e fechar da porta da frente. Era Peter, que tinha voltado para casa no meio da tarde e tinha subido correndo para o quarto no andar superior da casa. Felicity foi atrás dele para tentar saber o que estava acontecendo. Quando chegou ao quarto, encontrou Peter despindo-se. Suas roupas estavam no chão, cobertas de sangue. Felicity gritou horrorizada.

– Matei aquele negro – Peter dizia, falando sozinho. – Matei aquele desgraçado!

Felicity ficou paralisada no canto do quarto. Peter, que parecia estar sem fôlego, tremia e falava sem parar. Ele continuou:

– Eu tinha que fazer isso. O desgraçado matou meu pai.

Felicity não conseguia acreditar no que ouvia.

– O senhor Worley está morto? Quem fez isso com ele? Do que você está falando?

Peter se movia com rapidez vestindo logo as roupas limpas que tirava do armário.

– Eles armaram uma emboscada e pegaram meu pai – respondeu. Meu pai foi morto pelo líder deles. Por sorte, minha intuição me disse que alguma coisa estava acontecendo, então fui encontrar com meu pai e levei alguns de meus homens comigo. Quando cheguei lá, encontrei os covardes. O líder deles estava esfaqueando meu pai pelas costas. Meu pai nem mesmo teve chance de se defender. Corri até ele, e enquanto meus parceiros apanhavam os outros, peguei o covarde e dei uma facada nele bem no coração – Peter parecia estar bastante fora de si. – Esse nunca mais vai desafiar um homem branco. Nunca mais!

Felicity ficou horrorizada ao ouvir seu marido. Emudecida, abaixou-se no chão para recolher as roupas sujas.

Finalmente, Peter terminou de se vestir.

– Há vários deles lá fora querendo vingar-se – ele disse –, e preciso deixar a cidade por uns tempos. Quero que você fique em segurança, então, vou deixar um dos meus homens aqui para proteger você. Ele ficará encarregado de sua segurança.

– Para onde você está pensando em ir? E como vão ficar a tecelagem e seus negócios?

– Tenho pessoas confiáveis cuidando dos negócios de meu pai e também da tecelagem. Eu manterei contato.

Sem dizer mais nada, saiu de casa. Felicity sentou-se na beira da cama e, segurando as roupas sujas dele, olhava para o nada.

Miranda veio até o quarto a fim de saber o que tinha acontecido. Felicity lhe contou.

– E ele saiu sem dizer para onde iria ou quando voltaria – disse ela.

– Você ficará melhor sem ele, minha querida, e você sabe disso. Você passou um tempo difícil com esse homem. Agora você pode ter um pouco de liberdade. Desde que se casou, não pôde sair de casa nem mesmo para ver seus amigos. Você está reclusa nesta casa há mais de quatro anos. Você era tão positiva e vibrante, mas depois que se casou, esse homem acabou com todo o seu brilho.

Felicity permanecia quieta e pensativa enquanto Miranda conversava com ela.

– Não fique com medo, minha querida, sempre estarei aqui para cuidar de você – disse Miranda –, que finalmente conseguiu tirar um sorriso de Felicity.

– Obrigada, Miranda. Você tem sido um anjo em minha vida. Sei que está certa; esse será um período muito bom para mim. Apenas estou com medo de ficar sozinha. Na verdade, eu não sou tão forte quanto você pensa. Mas obrigada por estar aqui ao meu lado.

Várias semanas se passaram, e nenhum sinal de Peter. Embora Felicity sentisse receio de ser atacada por algum inimigo de Peter, apreciava viver sem seu marido por perto, pelo menos naquele período. Sem a pressão, as discussões e os ciúmes exagerados e possessivos de Peter, ela estava recebendo de volta sua vida e seu brilho.

Um dia, enquanto tomava café, Felicity comentou com Miranda que estava curiosa sobre o trabalho que faziam no orfanato que ficava próximo à sua casa. Ela tinha ouvido coisas maravilhosas acerca do trabalho que uma senhora e seu filho realizavam, e pediu a Miranda que a acompanhasse em uma visita a eles. Miranda adorou a ideia e, então, combinaram de sair após o almoço.

Mais tarde, Felicity e Miranda, acompanhadas de um dos empregados de Peter – o que fazia a segurança de Felicity – foram até o orfanato.

Ao baterem à porta, foram recebidos por Beatriz, que tinha um sorriso encantador.

– Olá! Em que posso ajudar? – perguntou Beatriz ao abrir a porta.

– Olá, senhora! Deixe-me me apresentar. Eu sou... Feli – Felicity foi prontamente interrompida por Miranda.

– Esta é a minha patroa, a senhorita Brown – mentiu Miranda – e eu sou sua criada, Miranda. Muito prazer. Ouvimos tantas coisas boas a respeito de seu orfanato e pensamos que poderíamos lhe fazer uma visita e aprender mais sobre o seu trabalho fabuloso.

Felicity não entendeu por que Miranda havia mentido, contudo sorriu para Beatriz e disse:

– Sim. Gostaríamos de saber mais a respeito do trabalho que é realizado aqui e talvez até oferecer uma ajuda extra.

Beatriz sentiu-se muito feliz com o que acabava de ouvir e imediatamente convidou Felicity (senhorita Brown) e Miranda para entrarem.

Beatriz começou a apresentar as dependências do orfanato mostrando primeiramente os dormitórios das crianças. Ela explicou que, devido às suas limitações financeiras e por falta de mais espaço, só conseguiam cuidar de vinte crianças. Ela mostrou a cozinha e a sala de jantar, que tinha uma mesa comprida o suficiente para vinte ou mais pessoas se sentarem e fazerem uma refeição juntas. Finalmente, ela mostrou as salas de aula. Apresentou também a sala de línguas, a sala de matemática e ciências, até que chegaram a uma sala especial. A sala que iria mudar o destino de Felicity, de Peter e de todos os demais personagens para sempre.

– Esta é a sala que as crianças mais gostam – disse Beatriz –, a sala de artes e música. Meu filho Jonathan está lhes ensinando música, até que consigamos achar um professor de música.

Quando Beatriz abriu a porta para apresentar suas visitantes para as crianças e para seu filho, as crianças correram de suas carteiras em direção a ela e todos gritaram de felicidade. Eles cercaram Beatriz, tentando abraçá-la. Todas ao mesmo tempo pediam um abraço. E foi lá, no meio daquela confusão, com todas aquelas crianças fazendo o maior barulho e os cercando com muita energia, que Felicity e o filho de Beatriz, Jonathan, se encontraram pela primeira vez. Seus olhos se reconheceram e pareciam naquele momento estar bem longe daquela confusão.

Beatriz os apresentou.

– Senhorita Brown e Miranda, gostaria de apresentar vocês a meu filho Jonathan. Ele é médico e também dá aulas de inglês, matemática e outras matérias às crianças.

– Filho, esta é a senhorita Brown e a sua criada, Miranda. Elas vieram nos visitar e também aprender mais sobre a nossa casa e o nosso trabalho com as crianças.

Jonathan sorriu. Seus olhos azuis fixaram-se em Felicity:

– É um prazer conhecê-las.

O olhar intenso de Jonathan a Felicity foi quebrado por uma das crianças que começou a puxá-lo pelo braço, pedindo sua atenção. Percebendo que as crianças estavam impacientes e tentando ganhar um pouco de atenção, Jonathan pediu que eles se acalmassem:

– Vamos lá, crianças, vamos nos sentar! – correu a pegar cadeiras para que Felicity e Miranda se sentassem. – Por favor sentem-se. Vamos cantar uma canção para vocês. Ok, crianças, eu quero que vocês mostrem às visitantes a canção que vocês conhecem.

Todas as crianças gritaram, concordando.

– Ok. Quando eu disser três, vamos todos cantar a canção: *Os Pássaros voando alto no céu.*

Mais uma vez, as crianças gritaram, dizendo sim, e Jonathan então contou até três:

– Um... dois... três...

As crianças cantaram a música, alegres, acompanhadas por Jonathan. Felicity observava tudo admirada com o jeito natural de Jonathan lidar com as crianças. As três senhoras bateram palmas acompanhando a música. Miranda olhava para Felicity durante a música notando que ela sorria. Essa era a primeira vez que a criada via Felicity sorrindo e feliz desde muito tempo. Jonathan foi até o piano, e ele e as crianças tocaram e cantaram outras cinco canções para as visitantes.

O clima na sala era de muita alegria e diversão. Pela primeira vez em sua vida, Felicity conseguiu sentir prazer sublime – sensação especial que jamais havia experimentado. Sem saber, Felicity começava a ser tomada pelo amor.

Após ouvirem as músicas, Beatriz convidou Miranda e Felicity para descerem até a sala de estar e tomarem uma xícara de chá. Miranda e Beatriz retiraram-se primeiro da sala de música e artes, deixando Felicity sozinha com Jonathan e as crianças. Os dois estavam encantados um com o outro. Os olhos de ambos, perdidos na imensidão de suas almas. Quando duas almas afins finalmente se encontram o Universo faz de tudo para lhes indicar que suas buscas terminaram.

Felicity interrompeu o silêncio:

– Obrigada por tudo isso. Foi tão lindo e especial... foi verdadeiramente mágico.

– Não é necessário agradecer. Foi um prazer para nós. E de qualquer forma, as crianças adoram mostrar seus novos números.

– É melhor eu ir agora – disse Felicity com um olhar tímido.

– Espero vê-la em breve, senhorita Brown. Sua visita mexeu comigo.

Felicity saiu da sala, e quando fechou a porta conseguiu sentir que seu coração estava batendo mais rápido que o normal. Sentiu-se diferente, com um friozinho no estômago a anunciar que sua vida estava para se transformar.

Quando Felicity chegou à sala de estar encontrou Beatriz contando histórias sobre o orfanato. Beatriz ficava sempre muito empolgada ao falar do orfanato e de seu trabalho. Ela explicava acerca do tipo de trabalho que ela e seu filho faziam com as crianças, e era visível sua paixão pelo que fazia, algo contagiante e inspirador. Beatriz era o perfeito exemplo das pessoas felizes que dedicavam ao seu trabalho diário todo o seu amor. Felicity e Miranda ficaram completamente concentradas em cada palavra que Beatriz dizia. Quando amamos o trabalho que fazemos, o trabalho deixa de ser apenas um trabalho e torna-se uma paixão que nos contagia com bons sentimentos, diariamente.

Beatriz apresentou-lhes os demais membros da equipe da casa. Todos pareciam nutrir pelo orfanato o mesmo amor e dedicação de Beatriz e de seu filho Jonathan. Antes de ir embora, Felicity encheu-se de coragem e, apesar de ainda estar tímida, fez uma pergunta a Beatriz.

– Lembro que você disse anteriormente que está esperando por um professor de música. Você já tem alguém em vista? Quero dizer... eu estudei piano.

– Estamos sempre procurando mais ajuda, minha querida. Precisamos de alguém que possa ensinar piano ou qualquer tipo de instrumento musical às crianças, principalmente agora que estão tão motivadas em aprender mais sobre música e artes. Por favor, junte-se a nós.

– Eu adoraria – respondeu Felicity sorrindo.

Miranda também ofereceu ajuda no que fosse preciso, e combinaram que começariam a trabalhar na condição de voluntárias, no dia seguinte, após o almoço.

Ao deixar a casa, as duas se depararam com o capanga que Peter havia deixado para tomar conta de Felicity, esperando-as do lado de fora.

— Por que você mentiu sobre meu nome verdadeiro? Nunca menti na minha vida antes – disse Felicity a Miranda.

— Felicity, minha querida, eles não teriam nos recebido tão bem como nos receberam se soubessem que você é uma Worley. Você esqueceu como seu marido e a família dele são odiados?

Notando que isso havia chateado Felicity, Miranda mudou de assunto.

— Estou me sentindo tão bem depois dessa visita, que lugar agradável. Percebi que você também se divertiu bastante. Beatriz e seu filho são pessoas de bem...

— Eu sei, concordou Felicity. Sinto-me tão bem. O amor que eles têm pelo que fazem e pelas crianças. Quase chorei quando Beatriz nos disse sobre as condições de vida terríveis daquelas crianças antes de chegarem ao orfanato.

— Eu sei. Também me senti triste por aquelas pobres crianças. Mas agora elas parecem tão felizes e, o mais importante, parecem muito saudáveis. Além disso, o filho dela é muito bonito, você não acha? E a propósito, eu reparei no modo com que ele olhou para você. Aqueles olhos lindos azuis dele estavam brilhando.

Felicity mudou de assunto, embora estivesse muito ansiosa para voltar lá no dia seguinte e talvez encontrar Jonathan novamente.

Naquela noite, no orfanato, durante o jantar, o assunto era a visita ilustre que Beatriz, Jonathan e as crianças haviam recebido durante o dia.

– Então, quem são elas, mãe? O que elas fazem?

– Disseram que a moça, senhorita Brown, é a filha de um capitão que vive fora de casa a maior parte do tempo, e que a mãe dela morreu. Ela estava entediada em casa, escutou falar de nosso trabalho e quis vir aqui e se oferecer para nos ajudar. Para ser sincera com você, filho, acho que acabei falando muito, como sempre, e não dei muito espaço a elas – Beatriz soltou uma leve risada que contagiou seu filho e o fez rir também.

– Só você mesmo, só você... a propósito, achei a senhorita Brown muito bonita, e além de bonita, parece levar muito jeito para lidar com crianças.

Beatriz ficou surpresa com o interesse de Jonathan, pois nunca o tinha ouvido falar de mulher alguma. Jonathan era muito dedicado aos seus estudos, e naquele momento estava engajado às tarefas do orfanato, então, pouco tempo sobrava para pensar em namoros. No entanto, Jonathan, querendo saber mais a respeito de senhorita Brown, continuou o assunto:

– A senhora sabe se ela é comprometida?

– Não tenho certeza, mas não mencionou o nome de nenhum homem. Acho que você ficará feliz em saber que ela virá aqui mais frequentemente, a partir de agora.

Os olhos de Jonathan arregalaram-se:

– E por que viria?

– Bem, acontece que ela toca piano desde muito nova, e agora vai dar aulas de música para nossas crianças – disse Beatriz toda alegre.

– Mas eu ensino música às crianças – disse Jonathan.

Beatriz sorriu astuciosamente.

– Bem, parece que você agora tem uma companheira para dar aulas de música. Ela começará amanhã, após o almoço.

Mais tarde, naquela noite, Jonathan e Felicity, cada um em sua casa, cada um em seu leito, relembravam o encontro, o momento em que seus olhos haviam se cruzado pela primeira vez. Os dois relembravam cada detalhe, do frio que sentiram na barriga, o brilho nos olhos um do outro. Eles lembraram e relembraram cada palavra e cada gesto daquele breve encontro.

No dia seguinte, Felicity estava agitada e provava vários vestidos e vários estilos de penteado de cabelo. Queria estar linda para quando encontrasse Jonathan. Sentiu-se ansiosa e com frio na barriga a noite toda e também pela manhã. Miranda estava tão feliz por Felicity que apenas a observava correndo de um lado para o outro da casa, tentando ficar ainda mais bonita, e cantando feito uma adolescente que se apaixonava pela primeira vez. Miranda também se sentia feliz por aquele momento ser tão importante para Felicity, que momentaneamente estava livre da vida de opressão que levava com Peter.

Após o almoço, as duas dirigiram-se para o orfanato.

– Você está linda, senhorita Brown – disse Miranda olhando para o chapéu de Felicity.

Felicity riu com o comentário de Miranda e mostrou-lhe como suas mãos tremiam de tanta excitação. Bateram à porta, e mais uma vez foram saudadas por Beatriz, que deu um abraço forte nas duas, convidando-as a entrar.

– Olá, vocês duas, é muito bom vê-las de novo – disse Beatriz.

– Vocês gostariam de uma xícara de chá?

– Não, estou bem, dona Beatriz, mas obrigada por oferecer. Estou é muito ansiosa para começar a trabalhar – disse Felicity timidamente.

– Ah, sim, claro – disse Beatriz sorrindo. – Levarei vocês até lá em cima. As crianças acabaram de almoçar e estão esperando pela aula de música.

As três senhoras subiram para a sala de artes e, quando Beatriz abriu a porta da sala, para decepção de Felicity, Jonathan não estava lá. As crianças estavam sendo cuidadas por uma das funcionárias da casa – uma senhora chamada Teresa. Todas estavam sentadas em suas cadeiras, desenhando.

– Devo me desculpar, senhorita Brown. Meu filho teve um compromisso de última hora, então, você terá de dar aula sozinha. Espero que dê tudo certo. Vou pedir para Teresa ficar e ajudá-la no caso de precisar dela, já que as crianças, às vezes, ficam um pouco agitadas.

Felicity sorriu, e mesmo desapontada por Jonathan não estar lá, ela estava ansiosa por passar aquele tempo com as crianças e tocar piano para elas.

Beatriz anunciou às crianças que Felicity lhes daria aula de música e pediu-lhes para respeitarem a nova professora. Então, Beatriz e Miranda saíram da sala, deixando Felicity com Teresa e as crianças.

Levou um tempo até que Felicity conseguisse acalmar as crianças, mas assim que começou a tocar o piano, a sala ficou em silêncio e todos prestaram atenção à música. Após ter tocado a primeira canção, ela convidou as crianças para se juntarem a ela em volta do piano e ensinou-lhes nova canção. Cantaram por quase meia hora. A sala ficou repleta de alegria e diversão. As crianças pareciam gostar da companhia de Felicity, mas acima de tudo, Felicity parecia mais feliz do que nunca. A alegria contagia e também ajuda a curar uma alma ferida, e foi assim que a alma de Felicity começou a ser curada.

Em determinado momento, duas crianças sentaram-se em seu colo, e os outros permaneceram em volta do piano, algumas sorrindo e outras dando gargalhadas. De repente, Felicity e as crianças ouviram a grande porta de madeira se abrir, e para delírio de Felicity, era Jonathan, que acabava de chegar.

– Posso entrar e me juntar a vocês? – perguntou Jonathan tentando esconder seu nervosismo.

– Sim! – gritaram as crianças, todas juntas.

– Por favor, cantem para mim algumas das canções novas que vocês acabaram de aprender com a nova professora.

– Vamos lá, meninos e meninas – disse Felicity com brilho no olhar e com voz vibrante, típico dos apaixonados. – Vamos cantar *Lar doce lar* mais uma vez. Vamos mostrar ao senhor Jonathan a bela canção que vocês acabaram de aprender.

Ela contou até três e todos começaram a cantar.

Jonathan assistia com entusiasmo ao modo natural que Felicity conduzia as crianças, e ao mesmo tempo admirava sua beleza. Felicity tinha luminosidade em seu rosto; seus olhos estavam brilhando e seu sorriso era gracioso. Jonathan estava completamente encantado por Felicity. Ao terminarem de cantar, Jonathan ainda permanecia concentrado em Felicity, que estava com as duas crianças em seu colo. Jonathan encheu-se de vergonha quando percebeu que tinha sido pego olhando para Felicity. A porta da sala abriu novamente, e Beatriz entrou na sala.

– Oi, filho! Que bom vê-lo de volta!

– Oi, mãe. Cheguei aqui faz pouco tempo. A senhorita Brown e as crianças acabaram de cantar para mim. A senhorita Brown fez um trabalho maravilhoso.

– Crianças – disse Beatriz em tom de voz alto –, agora é hora de um breve intervalo. Vou levar vocês ao refeitório para experimentarem um delicioso biscoito e um bolo bem fofo que a nossa nova amiga, Miranda, preparou. Vamos lá!

As crianças correram em direção a Beatriz e fizeram uma fila, começando pelos menores na frente. Beatriz as conduziu ao refeitório.

– Parabéns, senhorita Brown – disse Jonathan. – Você os domou, e posso afirmar que isso não é uma tarefa fácil.

– Que nada, eles foram ótimos – ela respondeu. Felicity também tentava disfarçar o fato de seu coração estar batendo forte, parecendo que ia saltar pela boca. – Assim que comecei a tocar piano, eles passaram a me ouvir e a prestar atenção. Após a primeira canção, eu os ensinei a letra e, então, cantaram junto comigo, enquanto eu tocava, e todos nós nos divertimos bastante.

– Notei que eles realmente gostaram da sua companhia e isso é algo muito especial. As crianças são muito sensíveis e conseguem perceber como as pessoas são de verdade. Ninguém consegue enganar uma criança. Se gostaram de você e a receberam tão bem, deve ser porque você é uma moça muito especial.

Felicity enrubesceu e sorriu timidamente, contudo nada disse. Os dois ficaram em silêncio por um momento olhando-se, um nos olhos do outro, até que foram interrompidos por Miranda que adentrou a sala de repente.

– Desculpe-me, senhorita Brown e Jonathan. Vim aqui para dizer que é hora de partirmos. Sinto muito, mas temos que ir embora.

Felicity conhecia Miranda muito bem e sabia quando algo estava errado, então, ela nem hesitou.

– Desculpe-me, mas temos que ir – disse Felicity a Jonathan com certa tristeza no olhar.

– É uma pena – disse Jonathan. – Você virá amanhã para outra aula?

– Sim, estarei aqui após o almoço.

– E eu não arrumarei qualquer outro compromisso amanhã, para que eu possa vê-la e passarmos mais tempo juntos, senhorita Brown – disse Jonathan.

Felicity e Miranda saíram do orfanato e, habitualmente, o capanga estava à espera para conduzi-las para casa. Já do lado de fora, Felicity perguntou a Miranda o motivo por terem saído tão rapidamente do orfanato.

– Tive um daqueles meus pressentimentos, você sabe.

– Suas intuições, Miranda?

– Não, desta vez não foi um pressentimento, foi uma visão. Vi seu marido – ele está prestes a voltar para casa. Não sei quando. Fiquei tão preocupada com você que pensei em voltar para casa e apurar o que está acontecendo. Não quero nem pensar no que o senhor Worley faria se descobrisse que você está trabalhando no orfanato.

Felicity olhou para o guarda e sussurrou aos ouvidos de Miranda:

– Você acha que este homem contaria para meu marido sobre minhas visitas ao orfanato?

– Não devemos confiar em ninguém ligado ao seu marido – Miranda respondeu sussurrando.

Assim que chegaram a casa, encontraram Peter na sala, andando em círculos impacientemente. Parecia furioso.

– Onde vocês estavam? Fiquei preocupado com você – disse Peter pegando Felicity pelos braços com certa agressividade.

– Fui ao mercado com Miranda. Não aguentava mais ficar em casa, então precisava de um ar fresco.

– Mas vocês não compraram nada no mercado? Como pode?

– Fomos lá apenas para caminhar um pouco e tomar um ar fresco...

Ele chacoalhou Felicity e olhou para o homem que fazia sua segurança:

– É verdade o que a minha esposa está dizendo? Ela realmente foi ao mercado?

Felicity ficou pálida. Olhou nos olhos do guarda a lhe implorar que confirmasse sua mentira.

O homem ficou em silêncio por bastante tempo antes de responder à pergunta de Peter, criando certo suspense. Felicity olhava para ele a suplicar que a ajudasse. Após muito considerar, o capanga respondeu:

– Sim, senhor. Fiquei vigiando sua esposa e hoje foi o primeiro dia em que ela saiu de casa. Eu as escoltei até o mercado e posso garantir que elas não falaram com ninguém.

Peter soltou o braço de Felicity e apontou uma arma para o homem, ameaçando-o.

– Você sabe que o matarei se descobrir que você está mentindo para mim?

– Sim, senhor, eu prometo que estou dizendo a verdade.

– Tudo certo, você pode ir agora – ordenou Peter ao homem. Olhando para Miranda, disse rispidamente:

– Então, você também pode se retirar!

Peter parecia ter envelhecido muito nos poucos meses em que havia ficado fora. Estava com uma barba comprida e a pele áspera.

– Agora quero me lembrar de minha esposa, disse à Felicity. Vamos para o quarto. Estou com saudade do seu corpo.

Felicity tinha aprendido que era melhor não resistir para não deixar seu marido ainda mais bravo. Seguiu seu marido e chorou, enquanto subia as escadas.

Na manhã seguinte, assim que Peter saiu de casa para cuidar de seus negócios, Miranda correu para o quarto para ver Felicity. Ela a encontrou ainda na cama, pálida e parecendo muito triste. Miranda a abraçou por um bom tempo até que ela interrompeu o silêncio.

— Eu me senti tão feliz naquele lugar, como se eu pudesse ser livre. E agora, sou uma prisioneira de novo. Eu tinha uma sensação de que meu marido jamais voltaria.

— Você não tem que deixar de visitar o orfanato e trabalhar como voluntária – disse Miranda.

— O que você quer dizer? Ele voltou. Meu marido está aqui de volta e ele mataria a mim e a você se descobrisse que estivemos lá.

— Bem, podemos encontrar uma forma de você sair da casa sem que seu marido perceba. Você sabe que ele sai de casa todas as manhãs às sete da manhã e volta para o almoço, e então ele sai novamente, voltando apenas tarde da noite. Esse tempo deve ser suficiente para Felicity virar senhorita Brown, ir ao orfanato, trabalhar como voluntária e voltar antes que ele retorne.

Felicity levantou-se rapidamente, sentindo-se feliz com a sugestão e com a possibilidade de voltar ao orfanato. Em seguida, começou a pular de alegria e cobriu Miranda de beijos e carinho. Após muito extravasar toda a alegria que sentiam, Felicity e Miranda começaram a analisar todas as possibilidades que teriam para executar o plano. Após muito pensar e calcular todos os horários de Peter, elas então decidiram que valia a pena arriscar até as próprias vidas para continuar o trabalho voluntário no orfanato.

Então, Felicity e Miranda trabalharam no orfanato naquela tarde e continuaram a trabalhar por muitos meses.

Assim que Peter partia, após o seu almoço, Felicity saía da casa pela porta dos fundos, acompanhada de Miranda, para que nenhum dos empregados de seu marido pudesse vê-la saindo, e então passava a tarde na companhia de Beatriz, das crianças e de Jonathan. Aquelas tardes eram o único tempo da vida de Felicity em que conseguia relaxar e encontrar paz.

Jonathan e Felicity estavam completamente apaixonados. Embora nunca tivessem falado de seus sentimentos, os dois aproveitavam a companhia um do outro nas poucas horas da tarde que passavam juntos, rodeados pelas crianças. E a cada dia, o amor entre eles aumentava e ficava mais forte. Felicity mantinha oculta a sua verdadeira identidade, temendo que Jonathan pudesse odiá-la pelo fato de ser uma Worley. No entanto, apesar de achar estranho o comportamento reservado de Felicity a respeito de sua vida, o amor que Jonathan sentia por ela era tão intenso que a colocava acima de qualquer suspeita.

Embora soubesse do grande risco que corria ao desafiar seu marido, Felicity passou a sentir uma força muito grande desde que se apaixonou pela primeira vez. Para ela, o risco que corria para poder ver o amor de sua vida valia qualquer sacrifício.

****

A cena desapareceu da mente de Michael e ele, então, se viu de volta ao quarto de Nina, onde ela dormia com sua filha Gabrielle.

Michael chorou lágrimas de sofrimento. Havia se lembrado de outra parte importante de sua experiência de vida em Liverpool no século dezenove. Ele olhou ao redor, no quarto em que estava naquele momento, e imediatamente o reconheceu como o quarto onde Peter e Felicity moraram. Ele não conseguiu impedir que lágrimas escorressem incessantemente pelo seu rosto.

– Esta é a casa... – Michael gritou desesperado. – Por que estou de volta a este lugar horrível? Por que, meu Deus? Por que voltar à mesma casa onde a pobre Felicity viveu tanta tristeza? – olhando para o céu, Michael gritou ainda mais alto:

– Mãe, preciso de você. Por favor, me ajude!

Perto dele, Gabrielle estava dormindo com sua mãe na mesma cama em que Oscar tinha morrido no dia anterior. Mãe e filha estavam abraçadas. Naquele momento, o quarto todo foi iluminado por uma brilhante luz. O espírito benfeitor, mentor de Juliana, apareceu no quarto. Parecia uma senhora de idade; era negra e com traços africanos. Ela se aproximou de Michael, que estava deitado no chão, ainda chorando.

– Olá, Michael – ela disse.

Michael estava com as mãos cobrindo seu rosto, como se estivesse sentindo vergonha, chorando sem parar. A senhora, então, ajoelhou-se ao chão e tocou a cabeça de Michael com suas mãos.

– Meu nome é Regina. Não se sinta envergonhado, Michael. Todos nós estamos aprendendo, e cometer erros faz parte do aprendizado. Depende de nós aprendermos com os próprios erros e usá-los para purificar nosso espírito.

Regina enxugou as lágrimas que escorriam pelo rosto de Michael e continuou:

– Deus sempre nos dá a oportunidade de recomeçar para podermos reparar o que fizemos. Todos os dias quando acordamos recebemos um presente divino, o presente chamado recomeçar. Agora, não se esqueça de que foi sua a decisão de deixar a Colônia Espiritual que o trouxe aqui.

Ela olhava Michael com carinho e ternura em seus olhos enquanto falava. Regina apontou para Gabrielle e sua mãe, que estavam dormindo na cama:

– Faça o máximo do momento presente e use a sua energia e o seu tempo para ajudar aqueles que estejam perto de você.

– Não acho que consigo. Não tenho energia. Tudo que tenho feito nos últimos dias foi ficar deitado aqui no chão assistindo a toda miséria ao meu redor.

– Sim, você pode. Concentre seus pensamentos e energias em coisas positivas. Ore, faça uma prece pedindo para Deus lhe dar força.

– Estou com medo e fraco. Essa corrente que me prende a este lugar fica mais pesada a cada dia que passa... e também tem a legião do mal que está atrás de mim. Eles estão apenas esperando até que consigam pegar John Worley, quem eles pensam que seja meu pai. Assim que o pegarem, eles vão se vingar dele e de mim.

Michael estava apavorado. As palavras saíam de sua boca muito rapidamente, o que o tornava quase impossível entender o que ele dizia.

– Primeiramente, você não está acorrentado – afirmou Regina. O físico não pode agir sobre o espiritual. O que você tem é uma ilusão. Você escolheu acreditar nesses espíritos em vez de acreditar em Deus acima de tudo. A corrente que você está imaginando existe apenas em sua mente e na mente deles. O seu medo é a sua maior prisão. Assim que você recuperar a fé em Deus, irá se libertar desse sofrimento em que se colocou. Além disso, a legião não conseguirá matar ninguém – não se não for a vontade de Deus.

– E o que eu faço, Regina? Como que eu consigo sair daqui?

– Lembre-se de que na vida nós colhemos as consequências de todos os nossos atos. Estar aqui é uma consequência de suas escolhas e... você trouxe a si mesmo para esta situação. Agora que está aqui, diante desta situação, você não pode se negar em ajudar Gabrielle e Nina. Se Deus cruzou o caminho de vocês três, o fez por um motivo. Fique aqui e as ajude até que chegue a hora de partir. Até então, você pode emitir para Nina e Gabrielle vibrações de amor para lhes dar força e alento. Ore com seu coração e com fervor, e a oração irá iluminar seu espírito e aqueles que estejam à sua volta também.

– E a legião? E se eles voltarem?

– Converse com Deus, peça ajuda ao Pai, e a ajuda virá!

– E sobre minha mãe e Mateo? Como estão?

– Estão bem. Você não consegue vê-los, mas eles têm visitado você com muita frequência. O que a legião não sabe é que Deus está em todos os lugares. Durante todo esse tempo, você tem sido assistido pelos espíritos benfeitores e anjos. Nada acontece sem a aprovação de Deus.

Em seguida, Regina ficou de pé e levantou Michael. Olhou bem nos olhos dele e disse:

– Antes de partir, eu gostaria de te passar uma mensagem. Harriet me pediu para dizer que ela sabe que você recuperou uma parte importante da memória de seu passado, e que está prestes a lembrar de todo o restante. Será muito perturbador quando isso acontecer, mas ela, certamente, estará junto de você no momento certo. Então, você conseguirá entender toda a verdade acerca dos acontecimentos atuais.

Regina fechou seus olhos e fez uma prece. Naquele momento, a luz que brilhava no quarto, invisível aos encarnados, tornou-se uma luz azul bem clara. Michael imediatamente sentiu-se em paz e com sua energia renovada.

– Adeus, Michael. Lembre-se de que quanto mais puros forem seus pensamentos, mais perto de Deus você estará.

O Centro Espírita Chico Xavier

– Ainda não acredito que concordei com isso. Eu que sempre fui contra esse tipo de casa espírita, aqui estou... só você mesmo para me convencer! – disse Gina à Isabel, no carro.

– Você não confia em mim, não é, Gina? – disse Isabel rindo. – Você vai mudar de ideia quando conhecer o lugar, espere e veja.

Quando chegaram ao centro espírita encontraram Juliana, que estava esperando por elas do lado de fora.

– Então, é esse o lugar? – perguntou Gina.

154 A verdade nunca morre

Juliana riu. – Aposto que você esperava algo fora do comum, não é mesmo? – ela disse.

– Apenas estou surpresa, porque para mim parece uma casa normal típica de um bairro do norte de Londres.

– Esta é a casa em que a fundadora, Amelia, converteu em um centro espírita – Isabel explicou. – Antes era uma de suas propriedades, e ela a alugava. Ela decidiu fundar o centro espírita após o falecimento de seu filho adolescente. Alguns meses depois de sua passagem, ela o viu em espírito. Ele apareceu para ela e pediu que estudasse a doutrina de Allan Kardec e o mundo espiritual. Ele também pediu que usasse um pouco do vasto e rico patrimônio da família e se engajasse em trabalho de caridade para ajudar os menos favorecidos.

– E isso não é tudo. Amelia ainda foi aconselhada pelo filho a visitar um centro espírita em uma pequena cidade no interior de um estado no Brasil, onde Chico Xavier psicografava mensagens de espíritos desencarnados às suas famílias e entes queridos. Depois de conhecer Chico Xavier, Amelia ficou tão tocada e inspirada que, quando retornou à Inglaterra, abriu este centro espírita dando-lhe o nome de Centro Espírita Francisco Cândido Xavier.

– Amelia descende de uma família muito rica e, em razão do pedido de seu filho, envolveu-se em diferentes formas de caridade. Uma delas, que é desenvolvida neste centro, consiste em ajudar um grupo de moradores de rua. O grupo recebe uma refeição saudável toda semana, a qual é preparada por voluntários, e eles também recebem aulas profissionalizantes a fim de se reintegrarem à sociedade.

Temos professores voluntários que dedicam seu tempo uma vez por semana para ensiná-los...

– Vamos, gente, vamos nos apressar – Juliana interrompeu. – A reunião vai começar. Vamos lá, crianças.

Era uma casa bem espaçosa com um salão grande o suficiente para acomodar por volta de cem pessoas ou mais. As paredes brancas do salão comportavam quadros, espalhados harmoniosamente, e um retrato de Jesus Cristo no centro, em cima da lareira feita de tijolos. As pessoas, por sua vez, aguardavam na entrada desse salão principal o início da reunião. Restando alguns minutos para o início da reunião, Juliana e Isabel aproveitaram para apresentar a Gina a segunda sala, onde as reuniões aconteciam de fato. Era uma sala grande tanto quanto o salão da entrada, cuja mobília consistia em uma mesa ampla com mais de trinta cadeiras em volta. Havia portas envidraçadas no final da sala que levavam a um jardim muito verde.

– E quanto à foto de Jesus na parede? Pensei que fosse um local espírita – disse Gina enquanto tentava manter Kit e Grace por perto.

– E Jesus não é um espírito como eu e como você? Ele é o espírito mais puro, e é nosso objetivo seguir seus passos e seus ensinamentos. Todo o trabalho de Allan Kardec baseia-se no Evangelho e segue os ensinamentos de Jesus.

Gina parecia surpresa, não esperava que o Espiritismo fosse uma doutrina baseada nos ensinamentos de Jesus. Saber daquele detalhe lhe acalmou o coração.

Juliana continuou sua explanação a respeito de sua atividade na casa, que era cuidar das crianças em uma sala separada onde era ensinado o evangelho conforme o Espiritismo, mas de maneira lúdica, por meio de jogos e atividades. Gina e as crianças foram encaminhadas para uma dessas salas.

– Esta é a sala das crianças. Aqui nós ensinamos a eles conhecimento básico da doutrina: respeitar o próximo, amar uns aos outros, e lições bem básicas do evangelho. Ao mesmo tempo, mentores do mundo espiritual estão trabalhando aqui, curando as crianças e tratando daqueles que precisam de algum apoio. Se alguma das crianças estiver sofrendo obsessão por algum espírito, ele e a criança são tratados. Este é o departamento onde eu trabalho uma vez por semana. Toda semana ajudo os outros voluntários a cuidar das crianças e a ensiná-las o *Evangelho Segundo o Espiritismo*.

Juliana chamou Kit e Grace para junto dela:

– Deixe-os comigo e eu irei cuidar deles enquanto você participa da reunião no andar de baixo.

Gina sabia que podia confiar em Juliana, e Kit e Grace logo ficaram encantados com os novos brinquedos que encontraram espalhados na sala e rapidamente se misturaram às demais crianças. Harry parecia hesitar um pouco e relutava em ficar ali, mas como gostava muito de Juliana, ele aceitou ficar, desde que fosse de mãos dadas com ela.

Na parte de baixo, na sala de reunião principal, todos estavam sentados ao redor da longa mesa retangular. Gina sentou-se no único assento vazio, ao lado de Isabel.

– O que eu preciso fazer? – Gina perguntou sussurrando para Isabel.

– Nada. Não precisa fazer nada, mulher. Apenas fique quieta agora! A reunião logo vai começar.

Amelia, que estava sentada na parte central, falou em tom de voz bem suave.

– Esta casa de paz e luz quer dar boas-vindas aos novos amigos que aqui se encontram, e eu gostaria de dizer algo especial para recebê-los – a única exigência que fazemos neste centro é que todos estejamos com uma vibração positiva, focados no amor. Então, por favor, esvaziem suas mentes e libertem todos os pensamentos ruins. É hora de limpar nossa mente dos pensamentos de stress, de mágoa, de tristeza e renovar nossas almas, alimentando-as com energia nova e harmoniosa.

Amelia continuou a falar, convidando todos para fazer uma prece inicial, abrindo a reunião.

"Nosso Pai, todo poderoso, por favor permita que os espíritos benfeitores estejam presentes e nos guiem durante esta reunião nesta noite. Preencha esta casa com seu conhecimento e amor e nos liberte dos pensamentos de egoísmo, ciúmes, inveja e tristeza. Que todo o suporte possa estar presente para ajudar aqueles que estejam precisando de ajuda e orientação, e que todos os espíritos ainda ignorantes do seu amor possam aprender acerca do amor incondicional e do verdadeiro sentido da vida. Amigos do mundo espiritual, espíritos benfeitores, que foram enviados por Deus Todo Poderoso para proteger a humanidade, nós os convidamos para nossa reunião para trazerem paz àqueles que estejam em desespero e se sentindo perdidos, e amor e feli-

158 A verdade nunca morre

cidade para aqueles que estejam envolvidos em pensamentos de dor e tristeza, guiando todos nós à grandeza Divina".

Todos estavam com os olhos fechados. Enquanto Amelia e os assistidos rezavam, no invisível, Mateo e os demais espíritos de luz movimentavam-se pela sala, fazendo preces para cada um dos encarnados ali presentes. Após a prece inicial, Amelia convidou todos a discutirem uma passagem do evangelho: *Retribua o mal com o bem; ame seus inimigos.*

– Mateus: 5,43-47 – ela disse, enquanto lia O *Evangelho Segundo o Espiritismo*, de Allan Kardec – *Ouvistes que foi dito: Amarás o teu próximo, e odiarás o teu inimigo. Eu, porém, vos digo: Amai a vossos inimigos, bendizei os que vos maldizem, fazei bem aos que vos odeiam, e orai pelos que vos maltratam e vos perseguem; para que sejais filhos do vosso Pai que está nos céus; porque faz que o seu sol se levante sobre maus e bons, e a chuva desça sobre justos e injustos. Pois, se amardes os que vos amam, que ganho tereis? Não fazem os publicanos também o mesmo? E, se saudardes unicamente os vossos irmãos, que fazeis de mais? Não fazem os publicanos também assim?*

Amelia continuou a ler O *Evangelho Segundo o Espiritismo*, de Allan Kardec:

– *Não pretendeu Jesus, assim falando, que cada um de nós tenha para com o seu inimigo a ternura que dispensa a um irmão ou amigo. A ternura pressupõe confiança; ora, ninguém pode depositar confiança em uma pessoa, sabendo que esta lhe quer mal; ninguém pode ter para com ela expansões de amizade, sabendo-a capaz de abusar dessa atitude. Entre pessoas que desconfiam umas das outras, não pode haver essas manifestações de simpatia que existem entre as que comungam nas mesmas ideias. Enfim, ninguém pode sentir, ao estar com um inimigo, prazer igual ao que sente na companhia de um amigo. Amar os inimigos não é, portanto, ter-lhes uma afeição que não está na natureza, visto que o contato com um inimigo nos faz bater o coração de modo muito diverso do seu batimento usual, no contato com um amigo. Amar os inimigos é não lhes guardar ódio, nem rancor, nem desejos de vingança; é perdoar-lhes, sem pensamento oculto e sem condições, o mal que nos causem; é não opor nenhum obstáculo à reconciliação com eles; é desejar-lhes o bem e não o mal; é experimentar júbilo, em vez de pesar, com o bem que lhes advenha; é socorrê-los, em se presenteando ocasião; é abster-se, quer por palavras, quer por atos, de tudo o que os possa prejudicar; é, finalmente, retribuir-lhes sempre o mal com o bem, sem a intenção de os humilhar. Quem assim procede preenche as condições do mandamento: Amai os vossos inimigos.*

– Vamos refletir sobre essa passagem do evangelho e discuti-la. Por que perdoar nossos inimigos e aqueles que não nos desejam o bem?

Enquanto Amelia e os assistidos discutiam o que tinham acabado de ler, Mateo e os demais espíritos de luz, invisíveis aos encarnados, atendiam aos espíritos desencarnados que tinham sido trazidos ao centro com o desejo de obterem ajuda e suporte.

– Diga-me, meu irmão – perguntou Mateo –, o que fez você vir aqui?

O espírito, que tinha a aparência de um homem jovem, respondeu-lhe:

– Uma senhora me disse para vir aqui e te ver. Morri anos atrás e no começo foi muito difícil para eu aceitar minha situação. Pensava que era injusto para alguém de dezoito anos, com tanto pela frente, morrer. Meus avós, que haviam desencarnado anos antes, me visitaram e me explicaram mais sobre minha condição, e eles têm me convidado para ir viver com eles na mesma Colônia onde eles vivem. Quero aceitar o convite, mas sinto que não devo sair da casa de meus pais, porque eles choram muito, diariamente, principalmente minha mãe. Ela chama meu nome sem parar e... chora sempre que pensa em mim. Eu sinto que se eu os deixar, causarei sofrimento ainda maior.

– Primeiramente, filho, você não está morto; se assim fosse, você não estaria falando comigo agora, certo? Você concluiu sua experiência de vida aqui na Terra, e agora é hora de sua mãe e seu pai entenderem que você está vivo, mas não em seu corpo material humano. Nós dizemos que desencarnamos, ou, se prefere, fizemos a passagem. Você precisa partir para que possa evoluir, e eles têm de entender a necessidade de te deixar livre. Se você continuar a negar sua nova condição, como espírito, ficará paralisado no tempo e perderá muitas oportunidades de continuar a se desenvolver.

– Quero ir com meus avós, mas sinto muito pelos meus pais.

– Confie em Deus, filho. Seus pais serão guiados. Também é parte do próprio aprendizado deles superar uma perda.

Às vezes, precisamos aprender a deixar as pessoas irem embora, especialmente aquelas que amamos, se for para nosso próprio bem. Como você sabe, sua mãe foi guiada para este centro espírita nesta noite pelo mesmo espírito que o guiou para cá. Seu pai ainda está com os olhos fechados em relação à vida após a morte, como ele costuma chamar, e infelizmente, ele não veio. Por favor, espere aqui e logo você terá a oportunidade de se comunicar com sua mãe.

A próxima da fila a ser consultada era uma jovem senhora que havia desencarnado exatamente um ano antes. Mateo a consultou e continuou a atender os demais espíritos que estavam aguardando por orientação.

Antes da reunião terminar, Amelia fez um comunicado:

– Amigos desta casa espírita, nossos amigos espirituais fizeram atendimentos aos espíritos que nos visitam aqui hoje, e tenho duas mensagens para dois de nossos amigos presentes esta noite.

Amelia sentou-se na cadeira e fechou seus olhos. Mateo primeiramente trouxe o garoto para perto de Amelia. Segurando sua mão, Mateo fez-lhe um sinal para começar. O jovem começou a narrar, e Amelia repetiu palavra por palavra que ele ditou:

– Querida mãe, é um prazer muito grande vê-la aqui nesta casa de paz e luz. Tenho observado você e o papai em casa e me dói muito vê-los chorando e sofrendo pela minha passagem a cada dia que passa. O vovô John e a vovó Edna estão me convidando para morar com eles e continuar minha vida na mesma Colônia Espiritual onde eles vivem. Tenho resistido esse tempo todo, mas sinto que o sofrimento de vocês e o meu estão atrasando nossa evolução e nosso progresso. Estamos todos paralisados em sentimentos ruins, entretanto, vocês dois precisam continuar, assim como eu. Por favor, lembrem-se de mim com amor e alegria, e eu lhes asseguro que um dia estaremos todos juntos novamente. Nós não morremos, nunca. Lembrem-se de que nós continuamos a viver no mundo espiritual. Agora, por favor, deixem-me ir, uma vez que nossa angústia não está trazendo nada de bom. Amo você e o papai para sempre. Com muito amor do seu filho Daniel.

A mulher sentada perto de Gina começou a chorar bem alto.

– É meu filho. É meu garotinho! Oh, como sinto falta dele – ela disse em meio às lágrimas.

Simpatizando com a dor da desconhecia ao seu lado, Gina levantou-se e deu um abraço na mulher, confortando-a. Depois que a mulher se acalmou, Amelia prosseguiu com a segunda mensagem, de outro espírito:

– Queridos papai e mamãe. Um ano se passou desde aquele acidente fatal. Estou aqui para explicar a vocês e às minhas amadas irmãs que eu não escolhi acabar com a minha vida. Diferente do que vocês acreditam, eu não me suicidei. Sei que durante todo esse tempo, vocês têm cultivado sentimentos ruins, imaginando que eu não amava mais a minha vida, a ponto de acabar com ela. Mas por favor, acreditem em mim, foi um acidente. Eu não planejei minha desencarnação. A verdade é que eu me apoiei no banco próximo da janela para que pudesse alcançar o trinco, que estava emperrado, mas como minha experiência na Terra havia chegado ao fim, a Providência Divina usou aquele momento para desfazer os laços que ligavam meu corpo espiritual ao meu corpo humano. Era minha hora de retornar ao mundo espiritual. Gostaria também de lhes contar que não senti nenhuma dor quando eu caí. Imediatamente, minha alma foi levada para um hospital de recuperação no mundo espiritual onde meus avós estavam esperando por mim. Parem de torturar suas almas por se sentirem culpados, imaginando que poderiam ter mudado os fatos, porque não poderiam. Vocês são pais excelentes, e eu guardo no meu coração todos os belos momentos que passamos juntos. Amo vocês, mamãe, papai, Lydia e Katie, e um dia todos nós iremos nos reunir novamente. Por enquanto, eu lhes envio meu amor e minhas orações, esperando que vocês encontrem conforto. Muito amor de sua filha Suzie.

Um casal que estava sentado do lado oposto ao de Gina se abraçou e chorou. A mulher parecia aliviada.

– Nossa Suzie – disse ela ao marido, bastante emocionada. – Ela não... ela não cometeu suicídio.

– Eu sabia, meu amor, que ela não faria uma coisa dessas – respondeu o marido que também tinha lágrimas no rosto. Eles se deram as mãos enquanto lágrimas escorriam pelos seus rostos. Eram lágrimas de alívio para os dois, que tinham passado por um ano muito difícil acreditando num suposto suicídio da filha.

Amelia abriu os olhos e continuou:

– Amigos do mundo espiritual, por favor, auxiliem-nos a achar conforto para nossos problemas e também força para aprimorar nossas almas.

Ela proferiu uma oração final, acompanhada por alguns dos assistidos regulares, e encerrou a reunião com algumas palavras. Tenhamos uma semana de muita paz.

No final da reunião, quando os adultos encontravam-se no salão principal, Amelia veio falar com Isabel e conheceu Gina.

– Prazer em conhecê-la, Gina. Espero que tenha gostado da reunião desta noite.

– Ainda estou um pouco confusa com tudo, embora eu deva confessar que fiquei emocionada com aquelas mensagens, e estou feliz por ter vindo, finalmente.

– É normal sentir-se confusa, principalmente se você ainda não acredita que somos todos espíritos buscando nossa evolução no universo, e que este mundo em que vivemos é apenas uma oportunidade que temos para experimentar e desenvolver nossas almas. Quando encarnamos para viver uma experiência em um mundo material, é como se um véu tivesse sido colocado sobre nosso passado. É como se Deus nos desse novo começo, para fazermos dar certo dessa vez, sem carregarmos nenhuma impressão do passado.

– Juliana e Isabel estavam me contando acerca do trabalho de caridade que você faz aqui e também no Brasil e sobre seu comprometimento com a Doutrina Espírita.

– Sim. Um dos mais importantes fundamentos de nossa doutrina é a caridade. Não sei se elas disseram, mas quando meu filho adolescente, Rob, desencarnou, tive o privilégio de receber uma visita dele. Seu espírito veio para falar comigo. Acredito que sempre tive o dom da mediunidade, mas foi naquele momento que percebi que meu canal com o mundo espiritual estava aberto. Pesquisei mais sobre a doutrina e tenho estudado desde então.

– Há algum livro que você possa indicar para um iniciante, como eu?

– Sim, há alguns. Por telefone poderemos combinar de nos encontrarmos. Podemos tomar um chá e conversar sobre alguns bons livros e posso também explicar algumas coisas para você. Isabel, você também está convidada. Vamos combinar para uma tarde na próxima semana, talvez.

Todas concordaram de se encontrar na semana seguinte. Amelia disse que aguardaria uma ligação de Isabel para confirmar, e todas se despediram.

No carro, a caminho de volta, as crianças dormiam em paz no banco de trás, e Gina não conseguia falar de outra coisa que não fosse sua experiência no centro espírita.

– Ainda estou emocionada com aquelas mensagens.

– Eu sei – disse Isabel. Também fiquei muito tocada. Toda semana normalmente há uma mensagem para alguém do grupo. É como se alguns espíritos guiassem os visitantes para virem ao centro espírita naquele dia, sabendo que uma mensagem lhes será entregue. Por exemplo, a senhora que veio com a amiga, aquela que recebeu a mensagem do filho, me disse que sua amiga estava insistindo que ela fosse lá já há algum tempo, mas como seu marido nunca acreditou nessas coisas, ela sentiu que não deveria ir. Hoje, porém, ela disse que se sentiu diferente, como se algo estivesse dizendo para ela aceitar o convite. No fim, seu marido tinha saído para um jantar de negócios, e ela resolveu vir com uma amiga. Na minha experiência, fica claro que ela foi inspirada por um espírito amigável para vir esta noite, e talvez o mesmo tenha acontecido ao espírito de seu filho, que foi guiado para estar aqui nesta noite e receber tratamento.

– Talvez eu possa receber uma mensagem de Michael um dia.

– Sim, não vejo por que não, embora uma mensagem só seja entregue caso ela seja benéfica para ambos, a quem a está enviando e a quem a está recebendo.

A conversa continuou por todo o caminho de volta. Isabel deixou Gina e as crianças em casa, com a promessa de que telefonaria para Amelia e combinaria o encontro na próxima semana.

Mais tarde, naquela noite, Gina já totalmente relaxada em seu quarto refletia e, apesar de ainda estar relutante em acreditar na vida após a morte, admitia que a sessão espírita a tinha ajudado a ficar mais calma. Harry também parecia estar diferente, mais calmo, com expressão mais serena. Ela começou a pensar em Harry, em como ele era diferente dos dois filhos. Como ele podia ser tão diferente de Grace e Kit? Todos estavam tendo o mesmo tipo de educação e sendo criados da mesma forma. Paul lhe veio à mente, e ela de repente começou a se sentir bem novamente. Eles tinham uma química muito boa, e Paul a fazia se sentir segura e confiante, como se juntos eles conseguissem encontrar solução para qualquer problema. O relacionamento com ele era fácil. Fluía naturalmente. Sem jogos, sem discussões, muito diferente de seu relacionamento com Michael... Gina caiu no sono.

A mensagem de Harriet

Uma semana depois...

Gina deixou as crianças com Juliana em casa e foi visitar Amelia, acompanhada de Isabel.

– Bem-vindas, queridas. É muito bom tê-las aqui – disse Amelia.

– Obrigada por nos convidar – respondeu Gina.

Amelia pediu-lhes que ficassem à vontade na sala de estar. Ela tinha preparado um chá inglês completo, com bolos e pães.

– Eu queria começar dizendo que a maior razão pela qual eu visitei o centro espírita na semana passada – admitiu Gina – foi por causa de meu filho Harry. Ele tem passado por um período de muita turbulência, nervosismo, desde que seu pai morreu... digo, desencarnou... e preciso lhe agradecer muito, pois seu comportamento já mudou bastante. Antes, ele estava agindo agressivamente com todos à sua volta. Mas o que realmente me apavorava era o fato de Harry afirmar que via pessoas que já tinham morrido. Homens de preto, como costumava dizer.

Amelia ouvia, prestando muita atenção enquanto terminava de decorar a mesa.

– Tentei psiquiatras e psicólogos. Ele passou por vários exames neurológicos, mas nada de anormal foi constatado nos exames... Bem, o que é intrigante é que, desde que visitamos o centro espírita na semana passada, ele parece ter voltado a ser do jeito que era antes de Michael morrer, o garoto atencioso e amável que sempre foi.

Todas se sentaram para tomar o chá.

– Uau, Amelia, a mesa está maravilhosa – disse Isabel. – Você é sempre uma grande anfitriã.

– Obrigada, Isabel. Estou feliz em receber vocês duas aqui. E estou contente em saber que nossos passes estão funcionando.

– Desculpe-me, passes? O que isso quer dizer?

– É como se fosse uma sessão de energia restauradora. Nossos mentores espirituais nos enviam vibrações de amor e positividade. Preciso dizer que no caso de seu filho, nós ainda temos de continuar nosso trabalho.

Amelia colocou suas mãos sobre as mãos de Gina, como se tentasse deixá-la segura.

– Por favor, não tenha medo do que vou lhe dizer agora, pois garanto que sempre há uma solução. Seu filho tem sofrido obsessão por alguns espíritos sofredores. Espíritos que são muito primitivos e estão desesperados por vingança.

– Meu filho? Mas por que meu garotinho está passando por uma coisa tão terrível? Ele é apenas uma criança.

– Todos nós vivemos outras experiências de vida, e muitos dos problemas da vida presente são resultados ou consequências de nossas ações das experiências em vidas passadas. Quando se fala de mundo espiritual, deve-se esquecer das nomenclaturas pai, mãe, amigo, tia, e em vez disso, vamos pensar em todos nós tais quais indivíduos que estão aqui para aprender, com o objetivo de evoluir e purificar suas almas. O espírito do seu filho é um indivíduo igual a mim e a você e tem de adquirir seu próprio aprendizado e passar pelo seu próprio processo de desenvolvimento. Nas sessões efetuadas no centro espírita, os dois são tratados: os espíritos encarnados - você, eu, seus filhos, Isabel - e os espíritos que estão agora no mundo espiritual. Quando vocês vieram na semana passada, nossos guias espirituais que trabalham com as crianças começaram a investigar mais acerca da história de seu filho. Eles me avisaram que ele está sofrendo obsessão por espíritos ainda muito ignorantes em relação às leis do Pai Maior, conforme lhe disse antes. Esses espíritos insistem em atormentá-lo.

– Meu Deus... isso parece muito assustador – disse Gina.

– Estou confiante que tudo ficará bem. Nossos mentores espirituais e espíritos benfeitores estão trabalhando em educar e tentar ajudar os espíritos que estão obsidiando seu filho. Soube que um dos espíritos já está mudando de ideia e voltando-se para Deus, e é apenas uma questão de tempo até que ele se renda e vá para uma Colônia Espiritual. Seu filho está cercado de belas almas: você, Paul e os seus outros dois filhos. Vocês estão todos aqui perto dele para guiá-lo no caminho do amor. Há também muitos amigos espirituais engajados em ajudá-lo, inspirando-o com bons pensamentos e vibrações de paz.

— Eu tenho como ajudar mais? Há algo mais que eu possa fazer para ajudar meu filho?

— Continue mostrando a Harry as coisas belas da vida. Tente influenciá-lo pelo bom exemplo, ensinando-o a ser um ser humano bom. A principal missão dele neste estágio da existência é aprender e a praticar a bondade e o respeito com aqueles ao seu redor. Podemos todos ajudar, mas dependerá do seu filho seguir os exemplos maravilhosos das pessoas que ele tem ao lado dele, e não cair em armadilhas do mundo material. Levando-se em consideração o progresso que já estamos observando, e de forma tão rápida, tenho certeza de que ele ficará bem.

— Esses espíritos maus irão embora e deixarão meu filho em paz?

— Eles não são maus, Gina, na verdade são espíritos menos elevados em comparação a outros espíritos que não carregam sentimentos de raiva e ódio. São espíritos que ainda não sabem o significado do amor e do perdão. De acordo com o que dizia a mensagem que estudamos em nossa reunião da semana passada, devemos aprender a perdoar nossos inimigos. Quanto mais Harry se desenvolver e aprender as lições do evangelho, menos suscetível ele estará àqueles espíritos. É assim com cada um de nós. Quanto mais nós progredimos, mais puros nos tornamos e menos suscetíveis à energia maligna nós ficamos. Se envolva com amor, e o amor irá envolver você – isso é o que digo a meus amigos e entes queridos a todo momento. Se afaste de tudo e de todos que te fazem mal, e esteja à volta de tudo de melhor na vida, e você então verá como a vida se tornará melhor.

No invisível, Mateo e Harriet acompanhavam a conversa. De mãos dadas, ambos sentiram-se muito felizes em ver Gina na companhia de Amelia. Eles sabiam que dali em diante eles conseguiriam ajudar Harry com mais facilidade, já que ele estava frequentando o centro espírita. Então, eles fizeram uma prece para Isabel, Amelia e Gina, emitindo-lhes vibrações de amor. Após a prece, Harriet chegou mais perto de Amelia.

– Minha querida amiga – disse ela por pensamentos –, tenho uma comunicação que gostaria que você fizesse à Gina.

– Estou à sua disposição – comunicou Amelia a Harriet por meio de pensamentos.

Subitamente, Gina e Isabel notaram que Amelia ficara em silêncio por um tempo. Ela estava com as duas mãos no rosto. Amelia pegou um bloco de papel e uma caneta e começou a escrever, palavra por palavra, ditada por Harriet. Após escrever duas folhas inteiras, Amelia leu a carta psicografada a Gina:

172 A VERDADE NUNCA MORRE

– Gina, minha querida, que bênção é termos tido de nossos guias superiores essa oportunidade de lhe passar esta mensagem. Quero que saiba que tenho cuidado de você e das crianças, juntamente com outros amigos, e todos nós a temos inspirado com pensamentos de amor e paz. Sei que você tem sido desafiada com os recentes acontecimentos com nosso Harry, e gostaria de lhe assegurar que todos nós estamos cuidando de você e ajudando a te guiar e te inspirar nesses tempos difíceis. Harry precisa de muito cuidado e amor, e Deus o confiou à família certa. Você, Paul e as crianças têm todo o amor e o conhecimento que Harry precisa seguir e aprender, para que consiga se tornar um grande homem. Se alguma vez você se encontrar no meio de um problema sem respostas, tudo o que tem a fazer é sintonizar seus pensamentos no amor, em Deus, e rezar, e lhe garanto que as respostas e o suporte virão até você. Mateo e eu somos voluntários no centro espírita, ajudando os espíritos perdidos que estejam necessitando de assistência e cuidados, e estamos muito felizes em ver você e as crianças sendo parte da mesma corrente de amor. Mande nosso amor para Paul e o convide para sua próxima visita. Teremos muito prazer em vê-lo frequentando as reuniões. Muito amor, Harriet.

– Que mensagem emocionante – disse Isabel. – Ela é a mãe de Michael?

– Ah, minha querida Harriet – disse Gina pensando em sua sogra e amiga. – Sim. Ela era mãe de Michael. Era uma mulher muito especial – ela pausou por um momento e continuou:

– Sinto-me estranha... como se pudesse sentir o perfume dela no ar. Sua presença parece tão real, ainda que ela...

Amelia interrompeu Gina.

– Ela tenha morrido, você quer dizer? Pare de pensar dessa forma. Nós não morremos jamais. Nossa vida é infinita e nossa passagem aqui na Terra é apenas uma das muitas, muitas experiências de vida pelas quais nosso espírito passa.

– E quanto a Mateo? Quem é ele, Gina? – perguntou Isabel.

– Não sei. Pelo que me lembro, o pai de Michael morreu quando ele era um bebê, apesar de eu não me lembrar que seu nome fosse Mateo. Pelo que sei Harriet não se casou novamente.

Gina respirou fundo:

– Uau. Estou sem palavras! – ela disse.

– Mateo é um espírito muito elevado moralmente e é nosso mentor espiritual no centro espírita. É ele quem coordena nossos trabalhos espirituais e as reuniões no nosso centro espírita, assegurando que nossas elas fluam bem, e que todos recebam a assistência necessária. Agora, senhoras, e se nós fizéssemos uma prece em agradecimento a Harriet e aos nossos mentores espirituais pela oportunidade que acabamos de ter?

Gina e Isabel balançaram a cabeça e juntaram-se a Amelia. As três fizeram uma prece e agradeceram a Harriet pelas suas boas palavras e agradeceram a Mateo e aos mentores espirituais pela proteção e orientação.

Em seguida, elas continuaram seu chá, falando sobre a mensagem que tinham acabado de receber, e também acerca do trabalho de caridade feito no centro espírita em Londres e da caridade que Amelia fazia no Brasil. Curiosa sobre o homem que Amelia havia conhecido no Brasil, Gina perguntou-lhe sobre Chico Xavier.

– Tive o grande prazer de conhecer Chico um ano antes dele retornar ao mundo espiritual. Seu nome completo era Francisco Cândido Xavier. Eu viajei até Uberaba, uma cidade pequena no interior do estado de Minas Gerais, no Brasil, depois de receber uma mensagem de meu filho. Contratei um guia e tradutor que me levou até a cidade de Uberaba e me ajudou a me comunicar.

– Me conte mais sobre ele – disse Gina –, pois nunca ouvi falar dele antes.

– Chico foi um médium; escreveu mais de quatrocentos livros e vendeu milhões de cópias. Ele nunca requisitou ser autor dos livros que escrevia, dizia que ele era apenas mensageiro dos espíritos psicografando os livros. Os lucros e os valores de direitos autorais de seus trabalhos eram sempre doados para obras de caridade. Ele levava uma vida muito simples, dedicada a ajudar as pessoas. Chico Xavier nos deixou um legado de romances, filosofia e muitos trabalhos que nos ensinam sobre o amor e sobre a eternidade de nosso espírito.

– Muito interessante. Eu cheguei a pesquisar a respeito dele e de sua obra, e até assisti a um filme estrangeiro contando mais sobre a vida dele – comentou Isabel. – Aprendi que Chico, além de escrever livros e arrecadar dinheiro para as diversas obras de caridade que ajudava, costumava realizar consultas para pessoas que viajavam de diferentes lugares para vê-lo e receber uma mensagem de seus entes queridos que haviam morrido.

– Sim, verdade! – disse Amelia. – Nos dias em que estive lá, eu presenciei longas filas de pessoas que se dirigiam para lá para encontrar com ele. Chico psicografava mensagens dos espíritos que queriam fazer contato com suas famílias e entes queridos – bem semelhante à mensagem que recebemos hoje. Quando o encontrei pela primeira vez, me afoguei em lágrimas e não conseguia parar de chorar. Não eram lágrimas de tristeza. Era como se eu estivesse chorando com imensa emoção sublime e plena. Quando ele me viu, disse que estava contente em ver que eu havia atendido ao chamado de meu filho para descobrir mais sobre a doutrina. Também disse que sabia da minha intenção de fundar um centro espírita na minha volta para Londres, e que ele estava muito feliz com essa ideia. Passei quatro semanas me dedicando às famílias pobres locais, que eram ajudadas pelo centro espírita dele, e naquelas quatro semanas aprendi muito acerca desse homem ilustre.

– Parece que ele foi um homem maravilhoso – disse Gina.

– Foi lá, na cidade de Uberaba, que eu percebi que queria organizar um trabalho de caridade no Brasil e um em Londres. Chico costumava dizer que sem a caridade, não há salvação.

Gina e Isabel passaram o resto da tarde conversando e aprendendo mais sobre a experiência de Amelia no Brasil e suas obras de caridade.

O retorno de Michael

– Por favor, mamãe, não chore. Tudo ficará bem – disse Gabrielle, secando as lágrimas do rosto de Nina.

– Você está tão crescida para sua idade – disse Nina. Você tem apenas sete anos e já conversa como se fosse uma adulta. Você merece uma vida melhor.

– Nós duas merecemos, mamãe. Nós vamos encontrar uma solução, então por favor, seja forte.

– Não sinto que eu possa conseguir. Não sou forte. Algumas vezes penso que a melhor coisa que posso fazer é deixar você ir embora... te levar para adoção... sei lá... talvez você ficasse melhor se fosse criada por uma mãe diferente, alguém forte.

No invisível, Michael se aproximou das duas, e sem que Gabrielle e Nina pudessem vê-lo, disse a elas:

– Você consegue, Nina. Você pode parar de beber e cuidar de sua filha. Olhe para ela, olhe a garota preciosa que você tem. Ela te ama e precisa de você. Lute por você e por ela! Você não precisa de um homem para viver sua vida. Você precisa fazer por você mesma.

Nina olhou para Gabrielle:

– Você acha que eu sou uma mãe ruim, não acha?

– Não acho isso, mamãe. Eu te amo, muito.

– Você é tão especial, Gabrielle; você é tão madura e esperta. Você é a única razão para eu continuar.

– Gabrielle abraçou sua mãe, e mãe e filha ficaram enlaçadas uma a outra em um abraço forte e repleto de amor.

Aos poucos, a qualidade dos pensamentos de Nina mudou. Ela começou a ter pensamentos mais otimistas e foi tomada por uma onda positiva que lhe fez muito bem. Assim que Michael percebeu que Nina estava mais alegre e otimista, ele passou a emitir pensamentos motivadores.

– Você é uma mulher bonita, Nina, acredite em você mesma. Seja forte, você consegue. Desista da bebida agora mesmo. Consiga um trabalho e ocupe sua mente com pensamentos produtivos. Você verá como a vida vai dar uma virada, para melhor... – ele dizia a ela.

Michael foi pego de surpresa e foi empurrado para trás por Buziba:

– Onde está sua corrente, escravo?

Enu o empurrou com agressividade. Ambos, Enu e Buziba, olharam para Nina e Gabrielle enfurecidos.

– Deixe-as em paz – gritou Michael. – Seu problema é comigo, não com elas, então deixe-as em paz! Seu chefe levou Oscar e não há nada aqui para vocês além de mim. Não deixarei vocês se aproximarem delas de novo.

Michael foi, então, agarrado pelo pescoço e levantado ao ar. Os dois espíritos o chacoalharam com força e quando estavam prestes a arremessá-lo longe, contra a parede, o quarto todo se iluminou com tamanha intensidade que os dois seguidores da legião do mal ficaram momentaneamente cegos. Mateo e Harriet adentraram o quarto, seguidos por Regina e por outros espíritos benfeitores, que trabalhavam com ele no centro espírita que Amelia dirigia.

– Enu, Buziba, deixem-no – ordenou Mateo com autoridade em sua voz.

Eles soltaram Michael, mas com olhar desafiador confrontaram Mateo.

– Ele é nosso escravo – disse Buziba. – Ele precisa pagar pelo que fez. Deixaremos as duas em paz, mas não desistiremos desse pedaço de nada e não vamos deixar nem ele nem o pai livres sem pagarem pelo que fizeram. Os Worley não vão escapar!

– Michael é intocável – disse Harriet. – Nós estamos protegendo-o. É melhor desistirem.

Mateo dirigiu-se a Enu:

– Por quanto tempo vocês vão atrasar seu progresso? Não se sentem cansados de seguir um caminho que está levando vocês para trás? O que vocês conseguiram até agora? Há muito mais no universo para descobrirem e experimentarem do que continuar aqui se limitando a isso. É hora de entenderem a essência de vocês como seres espirituais e também abrirem seus olhos para todas as coisas bonitas que podem alcançar se permitirem se libertar desses pensamentos destrutivos, de raiva e repletos de vingança. Todos os membros de sua família foram adiante e já perdoaram aqueles que lhes causaram dor. Por que vocês não fazem o mesmo?

– Você não vai nos levar com vocês usando esse truque barato! – disse Buziba agressivamente.

Regina, então, teve a chance de falar com Enu:

– Enu, não está na hora de você se juntar à sua família? Você costumava usar a desculpa da vingança contra aqueles que o fizeram sofrer, mas e quanto a todo o sofrimento que tem causado para as outras pessoas? Você está sofrendo as consequências de suas próprias ações! Desista de toda essa maldade... Deus está lhe dando uma chance de recomeçar.

Regina estendeu as mãos para Enu, que aceitou, e, chorando, ajoelhou-se.

– Levante-se, Enu! – disse Buziba nervoso. – O que você está fazendo, seu covarde? Seu lugar é aqui com a gente. Você está me envergonhando.

Regina abaixou-se e abraçou Enu. Em seguida, ela enxugou as lágrimas que escorriam pelo rosto dele. Regina então voltou-se para Buziba.

– Você pode aproveitar essa oportunidade e permitir-se ter novo começo, Buziba. Em uma das minhas vidas, eu também fui uma escrava, assim como você. Vivi na África, e assim como todos os membros da minha família, fui torturada e levada para trabalho pesado nas Américas. Eu conheço essa dor, porém eu aprendi a perdoar. Sua família também perdoou aqueles que lhe fizeram mal. O perdão é a forma de nos limpar dos sentimentos ruins que só atrasam nosso progresso. Perdoe e siga em frente, assim como fizemos.

– De jeito nenhum! Nunca vou esquecer a crueldade daqueles brancos que nos trataram com tanto desrespeito. Eles mataram nosso povo. Eles nos vendiam feito mercadorias, esquecendo que éramos seres humanos, com sentimentos iguais aos deles. Nunca irei perdoar! E, quer saber? Eu tenho nojo de você por se juntar à companhia deles.

Buziba virou-se para Enu chamando-o de traidor. Finalmente, apontou para Michael.

– Você pode ter se salvado dessa vez – disse Buziba a ele – mas iremos atrás de seu filho. Vamos nos vingar dos Worleys! Seu filho pagará o preço... ele irá morrer! – Buziba saiu da sala imediatamente, corroído em fúria.

– Obrigado por toda sua ajuda e suas boas vibrações – disse Mateo a seus amigos. – Regina, minha querida amiga, por favor, leve Enu a um centro de recuperação onde ele possa ser tratado até que esteja pronto para ir para uma Colônia. Eu e Harriet ficaremos para conversar com Michael.

Todos saíram do quarto, exceto Harriet e Mateo. Harriet abraçou Michael por um instante e disse em seguida:

– Eles não vão incomodar novamente, filho. Desde que você mantenha pensamentos elevados em Deus e com vibrações de paz, a legião do mal não conseguirá chegar perto de você de novo.

– Tenho tido dias terríveis – Michael confessou. – Eles me fizeram de prisioneiro e chegou num ponto em que eu fiquei sem força nenhuma.

– Nós vimos, Michael. Mateo e eu fizemos visitas frequentes a você. Não havia muito o que fazer, porque você se colocou naquela situação por diminuir tanto a qualidade de seus pensamentos, o que baixou a sua energia para o mesmo nível da energia deles. Quando você se envolve em pensamentos negativos, de tristeza – e no seu caso, pensamentos de vingança – tudo o que consegue é se distanciar de Deus, deixando-se acessível a espíritos malignos que se aproximam fazendo imperar a vontade deles.

– Pensei que Deus nunca deixasse seus filhos passarem por isso.

– Ele não deixa. Nunca deixa. Foi escolha sua se afastar e não dele. Mas ele nunca se afastou. Ele nos permitiu que viéssemos te visitar aqui. Tudo que podíamos fazer era lhe emitir bons pensamentos e vibrações de amor, na esperança de que você reagisse e retornasse para Deus, assim como você fez no final.

– E assim como Enu acabou de fazer – disse Mateo. – Há algum tempo, Enu tem feito preces em segredo, pedindo ajuda e perdão, e finalmente, está retornando para a pátria espiritual, depois de ter vivido nas trevas por séculos. Seus irmãos e irmãs também foram escravos, e quando desencarnaram, escolheram perdoar seus inimigos. Escolheram retornar para o mundo espiritual e usar aquela experiência como forma de aprendizado. Enu, por outro lado, escolheu a vingança e o ódio. Ele não confiou nos planos divinos e pensou que poderia fazer justiça, sem saber que poderia agir somente com a permissão de Deus, e mesmo quando achava que causava mal a alguém, na verdade estava sendo usado como um instrumento de Deus.

Harriet segurou nas mãos de Michael:

– Agora chegou a sua vez de voltar para casa. Vamos, filho. É hora de retornar para As Torres.

Michael hesitou:

– Isso é o que eu mais quero, mas e quanto à Gabrielle e Nina? Me preocupo muito com elas... poderia até dizer que sinto amor por elas. Não gostaria de deixá-las agora, quando elas ainda estão tão vulneráveis.

Mateo estendeu sua mão sobre o ombro de Michael:

– Elas ficarão bem. Continuaremos a visitá-las e a lhes mandar vibrações de encorajamento e amor. Gabrielle é um espírito muito iluminado o qual, inclusive, você conhece de outras vidas, e que agora encarnou para ajudar Nina em sua missão. Oremos para que Nina mantenha-se forte e resista aos vícios, que têm sido seus piores inimigos. Um inimigo que ela mesma escolheu.

Michael foi até Gabrielle e com ternura deu um beijo em seu rosto. Embora a menina não pudesse vê-lo ou sentir seu beijo, ela foi tomada por um súbito bem-estar que a energizou com amor e forças para continuar forte em sua jornada.

– Seja forte, pequena estrela. Você tem se saído muito bem em sua missão. Eu voltarei para visitá-la. Adeus, por enquanto, meu anjinho, e até breve.

Michael, Harriet e Mateo deram-se as mãos e saíram do quarto.

A verdade nunca morre

Michael, Harriet e Mateo estavam sentados ao redor de uma mesa, de volta à Colônia As Torres. Estavam os três de mãos dadas.

– Foi um momento muito triste de nossas vidas – disse Harriet. – Então, quero que você saiba que será muito difícil rever esses momentos. Você está pronto, Michael?

– Sim, estou. Eu quero saber a verdade sobre tudo o que se passou naquela experiência de vida em Liverpool no século dezenove.

– Vamos fechar os olhos – disse Harriet.

Mateo então fez uma prece.

– Nosso Pai, Deus todo poderoso, por favor nos permita revisitar nosso passado para que possamos aprender e recomeçar.

Cidade de Liverpool... Século XIX

Peter vinha enfrentando enormes problemas financeiros na tecelagem, na fábrica e também com o comércio de escravos que havia herdado de seu pai. Chegava em casa estressado todas as noites e mais agressivo que o normal. As horas que passava no trabalho tinham aumentado nos últimos meses, o que significava que ele estava sempre ausente e também muito ocupado para notar as visitas de Felicity ao orfanato. Algumas vezes, voltava bêbado para casa e agia violentamente com Felicity. No começo, Felicity havia desistido de sua vida, e nem se importava caso Peter decidisse levar a sério suas palavras e a matasse, mas depois, as coisas estavam diferentes. Ela tinha encontrado o amor e toda sua vida transformara-se. Aquele amor havia lhe dado forças para lutar pela sua independência.

As horas que passava no orfanato eram o único momento de alegria e paz de Felicity. Adorava estar com as crianças, ensinando canto e piano. Conhecia a história pessoal daquelas crianças e sentia muito carinho por cada uma delas, e elas a adoravam também. Quando juntavam-se em volta do piano, as crianças disputavam a chance de se sentar no colo dela e de receber um abraço da amada professora. Beatriz gostava da companhia de Felicity e sentia-se muito feliz por Jonathan, que parecia estar nas nuvens cada vez que Felicity estava na casa. Beatriz tinha encontrado também uma amiga em Miranda, que acompanhava Felicity em suas visitas.

Felicity e Jonathan apaixonaram-se um pelo outro desde a primeira vez que se encontraram. Todos os dias após as aulas eles se olhavam firmemente nos olhos por alguns minutos sem dizer nada, admirando a beleza um do outro e expressando seu amor apenas através do olhar.

Apesar de Felicity sentir-se muito mal por mentir para Jonathan e Beatriz sobre sua verdadeira identidade, sabia que essa era a única forma de continuar visitando o orfanato sem ser rejeitada pelos dois. O marido e a família do marido dela não seriam bem recebidos na casa, com toda razão. Felicity pensava que Beatriz e Jonathan nunca abririam a porta da casa deles para ela se soubessem que ela era uma Worley. Quanto mais o tempo passava, parecia mais difícil poder contar a verdade.

Um dia depois da aula, quando as crianças tinham ido ao refeitório para o lanche da tarde, Jonathan criou coragem e pela primeira vez tocou na mão de Felicity. Ele segurou na mão dela, olhou em seus olhos e disse:

– Acho que não consigo mais me segurar – disse ele. – Está ficando cada vez mais difícil...

– Não entendi – disse Felicity, mesmo sabendo no fundo de sua alma o que ele estava prestes a dizer.

– Você trouxe a luz do sol para nossa casa, senhorita Brown, e fica mais difícil a cada dia. Fica cada vez mais difícil porque eu estou completamente apaixonado por você. E te olhar sem poder lhe tocar, ou lhe dar um beijo fere minha alma. Eu te amo.

Os batimentos do coração de Felicity aceleraram. O sangue corria mais rápido em seu corpo. Ela queria abraçá-lo e beijá-lo:

– Jonathan... eu...

E antes que pudesse dizer que também o amava, as mentiras que ela havia contado para poder manter sua identidade falsa vieram à sua cabeça ao mesmo tempo em que a imagem de Peter sendo violento com ela lhe veio à mente. Essa era sua realidade: um marido possessivo, violento, esperando por ela em casa para puni-la caso cometesse algo que ele considerasse ser um erro. Mais e mais pensamentos vieram à sua mente até que ela explodiu e soltou-se de suas mãos.

– Diga, Felicity... O que você estava prestes a dizer?

– Eu... eu tenho que ir!

Felicity saiu da sala correndo, desceu as escadas e saiu da casa apressadamente. Jonathan tentou segui-la, mas foi interrompido por Miranda que o parou.

– Sr. Jonathan, por favor, não faça isso. Deixe que eu vá ver o que aconteceu.

Miranda desculpou-se e saiu.

Quando chegou em casa, Miranda encontrou Felicity chorando.

– Ele me ama, Miranda. Ele disse que me ama, e não há nada que eu possa fazer – Felicity dizia aquelas palavras em meio a um pranto triste e profundo. – Estou presa a este homem cruel e abusivo e não há nada que eu possa fazer para mudar isso. Nada!

Mais tarde naquela noite o silêncio do jantar foi interrompido por batidas na porta da frente da casa. Peter foi até a porta para verificar quem batia com tanta força. Era um dos supervisores de sua tecelagem.

– Desculpe-me por incomodá-lo tão tarde da noite, Sr. Worley. Achei que eu devia lhe avisar que há três crianças que estão muito doentes e que não conseguem trabalhar. Elas estão fracas, sem energia e por isso...

Peter o interrompeu, já muito nervoso:

– O que você quer dizer com não conseguirem trabalhar?

– Nosso médico disse que devemos reduzir as horas de trabalho das crianças, do contrário eles não vão sobreviver. Todas as nossas crianças estão anêmicas e sofrendo de desnutrição. Podemos perder toda nossa força de trabalho se continuarmos assim.

– Diga ao médico que ele não vai me dizer o que fazer na minha tecelagem. Esses pequenos demônios estão sempre nos dando algum tipo de problema.

– Mas senhor... a situação é problemática... as crianças estão bastante enfermas.

– Faça o que eu lhe mando, infeliz. E, para lhe ser bem sincero... eu acho que você provavelmente está sendo muito gentil com elas, e eu não pago para você fazer isso. Aquelas crianças precisam de uma boa lição, eu diria. Volte lá e bata nelas, como um castigo, e as assuste, dizendo que irão passar fome até a morte se não tomarem jeito e voltarem ao trabalho imediatamente.

– Desculpe-me, senhor, mas gostaria de pedir o favor de que o senhor venha até a tecelagem e cheque pessoalmente.

Eles estão muito pálidos e nem conseguem levantar do chão. Acho que o médico está certo – eles estão quase morrendo.

– Volte para lá e esqueça isso. Deixe-os comigo, vou cuidar desses pequenos bastardos amanhã de manhã.

– Senhor, tem mais... – o homem tremia de medo. Suas pernas estavam até bambas de tanto medo. – O estoque de sopa para as crianças terminou e resta pouco pão. O senhor teria algum alimento que eu pudesse levar para essas três crianças que estão mais doentes?

– Você está surdo ou o quê? Não disse para você esquecer isso? Deixe comigo – vou cuidar delas pela manhã. Elas estão muito preguiçosas e não permitirei mais isso. Que passem fome esta noite para aprender. Amanhã eu as punirei. Agora vá, vá embora daqui.

O homem saiu e, quando Peter voltava para a sala de jantar, ele encontrou Felicity no topo da escada encarando-o. Ela estava ouvindo a conversa, sem que ele notasse.

– Você não vai deixar essas três crianças morrerem, vai? – ela o confrontou como há muitos anos não fazia.

– Quem você pensa que é para falar comigo desse jeito? Não estou com vontade de ficar me explicando agora. Vá para a cama dormir, antes que eu a castigue!

– Peter, temos muita comida aqui. Elas são apenas pequenas crianças e provavelmente irão morrer se você deixá-las sem comida por mais tempo. Não é justo, o jeito que você as trata...

Peter deu um tapa na cara dela.

– Nunca mais me chame de Peter novamente. Eu sou seu marido e exijo respeito! É senhor marido, para você. Entendeu?

Felicity não parou, e pela primeira vez levantou-se contra seu marido.

– Você precisa ajudar as crianças e parar de maltratá--las. Você não é um ser humano, você é um monstro!

– Tive um dia cansativo e não tenho energia para fazer isso agora – disse Peter enquanto segurava-a pelo cabelo tentando arrastá-la para o quarto.

Felicity empurrou-o com tanta força que conseguiu soltar-se de sua mão. Tentou fugir correndo, mas foi pega pelo pescoço. Eles brigaram violentamente até que Felicity não conseguiu resistir e caiu no chão. Ela não conseguiu se levantar. Seu nariz estava sangrando e, antes que ela conseguisse se mover, Peter a puxou pelos cabelos novamente e bateu sua cabeça contra o chão.

– Nunca mais tente me confrontar.

Miranda foi até o quarto e quando viu Felicity sangrando no chão, ela gritou.

– Volte para seu quarto – disse Peter. Não quero você aqui! Já estou saturado de vocês negros ultimamente. É melhor sair antes que eu bata em você também.

– O que você fez com ela? – perguntou Miranda assustada.

Miranda tentou abaixar-se ao chão onde Felicity estava, mas foi empurrada por Peter.

– Saia daqui, eu já lhe disse!

Peter segurou Miranda pela garganta e a pressionou contra a parede. Em seguida, ele fechou sua mão direita, preparando-se para dar-lhe um soco. Miranda fechou os olhos e antes que Peter pudesse bater em Miranda, Felicity o acertou com um vaso de cristal em sua cabeça. Felicity e Miranda correram para a porta da frente, mas antes que conseguissem escapar, Peter conseguiu segurar Miranda pelo braço. Ele puxou uma faca de seu bolso e esfaqueou Miranda no peito. Surpreso com sua própria ação, Peter deu dois passos para trás e ficou paralisado. Miranda sangrava muito. Felicity tentou segurá-la, mas Miranda removeu a faca de seu peito e a cravou nas costas de Peter. Peter caiu com o rosto virado para o chão ao mesmo tempo em que Miranda caiu de costas no chão.

– Vá, Felicity. Vá, minha querida – disse Miranda. – Saia daqui. Essa é sua chance, vá embora, minha menina!

– Não vou deixá-la aqui, sangrando – Felicity respondeu. Você é minha família. Não a deixarei aqui!

– Vá, antes que esse monstro te pegue novamente. Corra e peça ajuda. Estou bem, Felicity. Já posso ver meus antepassados aqui… eles vieram para me levar. Eu estou voltando para casa. Não se preocupe comigo. Eu ficarei bem…

– Te amo, Miranda. Você é minha mãe, minha família e minha melhor amiga.

– Te amo também, minha querida, sempre foi como minha própria filha. Eu te amarei para todo o sempre… agora, por favor, vá e liberte-se desse monstro.

Felicity beijava o rosto da amiga ao mesmo tempo em que Miranda fechava os olhos. Em seguida, Felicity deixou a casa, apenas com a roupa do corpo, e correu pelas ruas da cidade sem saber para onde iria.

Na manhã seguinte, quando Beatriz saía para comprar pão, assim que abriu a porta de entrada da casa ela encontrou Felicity deitada no degrau em frente à porta.

– Minha querida, o que você está fazendo aqui? Está frio e você deve estar congelando... – Beatriz deu um grito horrorizada. – Você está toda manchada de sangue.

Beatriz correu para dentro, gritando por ajuda. Jonathan saiu pela porta e encontrou Felicity nos braços de sua mãe, coberta de sangue. Ele checou seus sinais vitais e certificou-se de que ela estava bem. Felicity abriu seus olhos um tempo depois, e quando percebeu que Jonathan e Beatriz estavam olhando para ela muito preocupados, ela se lembrou do que havia acontecido na noite anterior.

– Oh, meu Deus, como eu vim parar aqui?

– Acalme-se, minha querida – disse Beatriz. – Fique calma.

– Tente ficar calma – disse-lhe Jonathan –, e tente lembrar-se do que aconteceu. Eu vou examiná-la e levá-la ao hospital...

– Não, não preciso ir ao hospital. Estou bem... estou bem...

A imagem de Miranda morrendo trouxe muita tristeza aos seus olhos. Lágrimas começaram a escorrer sobre seu rosto pálido, fazendo com que Jonathan e Beatriz ficassem ainda mais preocupados com ela.

– Miranda está morta! Minha querida amiga Miranda morreu. Peter a matou – disse Felicity.

Mais lágrimas correram em seu rosto. Felicity abraçou Beatriz, que a abraçou com força.

Jonathan levantou-se e foi até a cozinha para buscar um copo de água.

– Beba, senhorita Brown – disse ele quando voltou. – Vai fazê-la sentir-se melhor.

Felicity saiu dos braços de Beatriz e encarou Jonathan, com um olhar envergonhado.

– Vocês vão me odiar após ouvirem o que tenho a dizer.

Ela respirou fundo antes de continuar:

– Não sou senhorita Brown. Menti para vocês esse tempo todo.

Jonathan e Beatriz olharam um para o outro.

– Essa foi uma identidade que minha amiga Miranda criou para que vocês aceitassem nossa presença nesta casa. Meu nome é Felicity, Felicity Worley.

Felicity viu a expressão de choque nos rostos deles quando mencionou o sobrenome Worley. – E eu sou casada com Peter Worley – Felicity acrescentou.

– Beatriz e Jonathan permaneceram mudos por um tempo. Num certo momento, Beatriz quebrou o silêncio:

– Por que você mentiu para nós?

– Faz tempo que minha vida tem sido um inferno. Fui forçada a casar com ele e tenho sofrido muito desde que nos casamos. Não o escolhi para ser o meu marido. Meu pai me forçou. Na verdade ele me vendeu. Sempre ouvi ótimos comentários sobre o trabalho grandioso de vocês com os órfãos e sempre quis visitar sua casa, mas nunca tive permissão de sair de casa sem meu marido.

Feliciy enxugou as lágrimas que estavam caindo em seu rosto antes de continuar:

– Um dia quando o meu marido – quero dizer, Peter – um dia quando ele fugiu da cidade após ter assassinado um homem, Miranda me ajudou a ter a coragem de sair da casa e bater em sua porta.

– Acalme-se, minha querida – disse Beatriz segurando nas mãos de Felicity. – Você está tremendo. Antes que você diga qualquer outra coisa, quero que você saiba que nós te amamos e que entendemos por que você sentiu a necessidade de esconder sua real identidade. Por favor, pare de se torturar com isso. Acalme-se antes que você tenha um surto.

Beatriz olhou para seu filho:

– Nós entendemos a sua situação – ela disse. – Não é mesmo, meu filho?

Ainda chocado e sem conseguir falar, Jonathan balançou a cabeça concordando. Felicity abraçou Beatriz, sentindo-se aliviada. Jonathan permaneceu imóvel e pensativo.

– O tempo que tenho passado com vocês e com as crianças tem sido o único momento de minha vida em que me sinto feliz e em paz, e embora tenha amado a companhia de vocês desde a primeira tarde em que os visitei, nunca tive a coragem de lhes contar sobre quem eu era realmente. Eu estava com muito medo de que vocês me rejeitassem e que eu perdesse meus únicos momentos de alegria em minha vida.

– Esqueça o que aconteceu – disse Beatriz. – Conte-nos, o que aconteceu na noite passada? Como você veio parar aqui cheia de sangue em seu vestido?

Felicity, então, lhes contou tudo o que havia acontecido na noite anterior. Muito emocionada, chorou quando contou sobre Miranda. Quando terminou, Jonathan segurou suas mãos.

– Você está segura agora – disse ele. – Vamos cuidar de você, e esta será sua casa a partir de agora.

Felicity olhou bem no fundo de seus olhos e sorriu, parecendo ainda mais aliviada depois de ter ouvido o que ele acabara de dizer.

– Está certo, senhorita Brown... – Beatriz sorriu para Felicity, percebendo seu erro:

– Quero dizer, Felicity. Agora, minha querida, me siga. Vou levá-la para seu quarto. Sinta-se à vontade para descansar um pouco enquanto lhe preparo um banho agradável e procuro um novo vestido para você, e também faço um café da manhã, pois acho que você deve estar faminta.

– Mãe – disse Jonathan – você cuida de Felicity e eu vou encontrar um jeito de ajudar aquelas crianças. Aquele homem não pode deixá-las morrer.

– Por favor, não vá – disse Felicity. – Você não é bem-vindo na fábrica depois de todos aqueles protestos que você organizou para acabar com os maltratos das crianças. Peter é violento, e não quero que você se machuque.

– Não se preocupe, Felicity. Depois do que você me contou sobre a noite passada, suspeito que Peter não esteja por perto.

Ele deu um beijo na testa de sua mãe antes de sair e disse que não demoraria.

– Não se preocupe, minha filha. Ele ficará bem. Conhecendo meu filho do jeito que conheço, não tem como ele ficar em paz se não fizer nada para ajudar aquelas crianças. Vamos rezar para que tudo corra bem.

Beatriz e Felicity foram para o andar de cima, onde Beatriz mostrou o quarto a Felicity.

Felicity recebeu as roupas novas trazidas por Beatriz e descansou o resto do dia. Beatriz cuidou dela o dia todo, certificando-se de que ela estava se recuperando bem.

Horas depois...

– Estou preocupada com Jonathan – disse Felicity. – Já são mais de oito horas e ainda não temos notícias dele.

Pedi para dois amigos nossos irem procurar por ele – disse Beatriz. – Não tive nenhuma intuição ruim, então tenho certeza de que meu filho está bem. As mães conseguem sentir quando algo está errado. A intuição de mãe nunca falha.

Assim que Beatriz concluiu a frase, a porta de entrada abriu-se e Jonathan entrou junto com os dois amigos. Jonathan e os outros dois homens estavam cada um segurando uma criança.

– Conseguimos tirá-las daquele inferno – disse Jonathan.

– Leve-os para meu quarto – sugeriu Beatriz. – Eles podem ficar lá até se recuperarem.

Jonathan e os outros dois homens subiram para o segundo andar, seguidos por Felicity e Beatriz. Acomodaram de modo confortável as três crianças, já dormindo em uma cama bem grande, e então Jonathan carinhosamente os cobriu com um cobertor.

— Você conseguiu! Você os resgatou — disse Felicity parecendo estar muito feliz e surpresa ao mesmo tempo. — Tive muito medo de que Peter pudesse fazer algo de ruim a você, Jonathan.

— Como eles estão? — perguntou Beatriz.

— Agora eles estão bem. Nós os levamos ao hospital onde eu pude examiná-los e dar-lhes medicação, mas era muito arriscado deixá-los lá já que...

Jonathan olhou para Felicity antes de continuar:

— É o seu marido, Felicity. Ele está vivo.

A expressão do rosto de Felicity mudou; de feliz, a feição da jovem foi tomada por pânico.

— Ouvi várias pessoas pelas ruas e pelos lugares comentando sobre o ocorrido da noite passada. Fiquei sabendo que Miranda foi deixada lá em sua casa morrendo, enquanto seu marido foi levado para o hospital por um de seus homens. Ele está agora no hospital, sendo tratado.

— Então, ele sobreviveu! — exclamou Felicity.

— Sim, ele sobreviveu. Então, quando tive as notícias, fui correndo procurar ajuda. Foi quando o Sr. Robert chegou e me disse que vocês o tinham enviado para me procurar. Juntos com Sr. Sebastian, fomos até a tecelagem. Todos os trabalhadores estavam dispersos em razão das notícias de Peter estar no hospital, então foi fácil entrar e resgatar as crianças. Nós as levamos ao hospital onde dei-lhes o tratamento inicial, mas achei que seria melhor cuidar delas aqui em casa, o que seria menos arriscado do que ficar no mesmo hospital que Peter.

– Eles parecem tão doentes – disse Beatriz.

– Agora eles estão bem, mãe. Mas eles estavam muito doentes. Poderiam ter morrido.

Felicity não disse uma palavra. Estava realmente transtornada com a notícia de que Peter ainda estava vivo, pois isso era uma ameaça para ela. Jonathan a abraçou quando ela começou a chorar.

– Sei que você está com medo agora – ele disse –, mas prometo que minha mãe e eu faremos tudo que pudermos para protegê-la. Perguntei para um dos médicos sobre o estado de saúde de Peter e ele disse que ele ainda está em risco, e que as próximas vinte e quatro horas serão decisivas.

De volta à Colônia Espiritual As Torres

A visão ficou embaçada e aos poucos foi desaparecendo. Michael tinha lágrimas em seus olhos.

– Sei que é difícil, Michael – disse Harriet.

Eles se deram as mãos e permaneceram em silêncio até que Michael caiu no choro.

– Agora eu me lembro de tudo… eu fui Peter Worley! Fui eu! Fui eu quem…

Michael não conseguiu terminar a frase. Estava muito abalado com toda a verdade que vinha à tona.

Harriet balançou a cabeça confirmando e continuou:

– Sim, foi você quem matou Jonathan e Felicity. Os dois foram assassinados poucos dias depois que você saiu do hospital. Foram assassinados por você e seus comparsas. Eu, na época vivendo com o nome de Beatriz, fiquei triste e muito sozinha. Aqueles foram tempos extremamente difíceis. Perdi meu filho e tive de redescobrir minha fé para que pudesse continuar minha vida sem me tornar amarga e sem deixar o ódio dominar minha alma. Jonathan era minha única família. Ele era meu tesouro e sua partida prematura foi um desafio para minha fé. É um sentimento horrível para qualquer mãe perder seu filho, principalmente numa idade tão jovem. Tive de ser forte e acreditar que um dia eu o veria novamente. Aquele período doloroso foi um teste para minha fé, e confesso que foi muito difícil não sucumbir. Anos se passaram, e ainda que tenha sido muito sofrido, eu consegui continuar a administrar o orfanato até meus últimos dias. Quando fui vítima de uma doença fatal e desencarnei, Mateo, Felicity e Jonathan estavam esperando por mim. Todo aquele sofrimento pelo qual passei nos últimos anos de minha vida na Terra foi recompensado quando os vi de novo.

– Beatriz, por favor, me perdoe – implorou Michael. – Sinto tanta vergonha de minhas ações...

– Por favor, não me chame de Beatriz. Pode continuar me chamando de mãe. Assumi você como um filho, um filho que eu quero inspirar e ajudar a ver coisas cada vez mais belas sobre a verdade divina. Isso é passado agora. Você sabe que eu lhe perdoei. Todos nós lhe perdoamos. Assim que todos nós nos reunimos novamente, fomos procurar por você e o encontramos vivendo uma vida muito pobre e miserável. Você perdeu todo o seu dinheiro e suas propriedades para um de seus comparsas, que o traiu e tomou tudo que você possuía.

No fim de seus dias naquela existência, você vivia cercado por muitos espíritos maldosos desencarnados que queriam lhe causar dor. Aqueles espíritos quando encarnados haviam sido torturados por você ou por seu pai. Após desencarnar, eles passaram anos obsidiando você e lhe fazendo mal. Eles queriam vingança, e com isso em mente, eles o atormentavam e obsidiavam dia após dia. Em razão de sua vibração estar baixa e focada em maldades e crueldades, seu espírito permitiu que a energia deles o afetasse. Eles o inspiravam todos os dias e a todo momento até o levarem ao vício do álcool. Você acabou desencarnando vítima de tifoide. Foi uma passagem muito triste. Uma passagem muito solitária e triste, de fato.

Michael ouvia tudo atentamente.

– Como sabíamos que aqueles espíritos estavam ansiosos por vingança, pedimos permissão para nossos superiores para conduzi-lo imediatamente após a sua desencarnação e trazê-lo diretamente para As Torres. Assim que chegou aqui, você foi tratado e atendido na mesma escola em que agora eu ensino. Jonathan e Felicity perdoaram você, assim também Miranda. Todos nós perdoamos, Michael. Embora a razão pela qual nós encarnamos em nova experiência de vida seja para evoluir e purificar nosso espírito por meio desses obstáculos, alguns espíritos falham nessa tarefa, e você falhou na sua missão naquela experiência particular.

Harriet deu uma pausa e em seguida deu um abraço forte em Michael.

– O que aconteceu depois?

– Todos nós nos oferecemos para encarnar novamente com o objetivo de ajudá-lo e apoiá-lo em seu progresso. Mateo e eu encarnamos primeiramente na condição de seus pais. Depois Felicity, ou melhor, Gina, e Jonathan, que encarnou sendo seu primo Paul. Mateo teve um tempo muito curto para viver na Terra, e voltou para o mundo espiritual quando você era apenas um menino.

– Não há motivo para se sentir envergonhado, Michael – disse Mateo. – Você voltou para nova experiência de vida, casou-se com Felicity, agora com o nome de Gina, e você pôde redimir os erros do passado. Você a amou e a respeitou. Você foi um pai e marido exemplar. Vocês dois fizeram um ótimo trabalho criando as crianças. Vocês dois evoluíram. Você não é mais aquele espírito que tinha de aprisionar os outros para obter poder. Você experienciou em sua última encarnação aquilo que se propôs a fazer quando estava aqui em As Torres, ou seja, amar e respeitar aqueles ao seu redor; não subjugar, não causar sofrimento a ninguém.

– Você mencionou que Miranda também me perdoou por aquilo que eu fiz. Onde está ela? Gostaria muito de falar com ela... gostaria de olhar nos olhos dela e me desculpar.

– Você já o fez! – respondeu Harriet sorrindo.

– Fiz?

– Sim. Você acabou de passar meses perto dela – Harriet explicou. – Miranda encarnou na condição de Gabrielle. Ela se ofereceu para encarnar como filha de um espírito sofredor amigo dela que tem se esforçado para evoluir, contudo ainda não obteve pleno sucesso, pois sente muita dificuldade em se livrar de seus vícios.

– Nina! – exclamou Michael surpreso. Miranda retornou à Terra como Gabrielle, e ela hoje cuida desse espírito amigo, que reencarnou como sua mãe.

– Correto. Nina tenta arduamente deixar seus vícios, não apenas as drogas e o álcool, mas também o vício da negatividade e do pessimismo. O seu progresso espiritual caminha lentamente, porque ela deixa pensamentos negativos e depressivos tomarem conta de sua alma. Todas as vezes que Nina perde a fé, pensamentos negativos aparecem, e é assim que ela recorre às drogas e ao álcool. Quando isso acontece, ela atrai espíritos com o mesmo padrão de vibração, que dificultam ainda mais a sua ascensão espiritual. Miranda, um espírito mais purificado e elevado, está lá agora, na condição de sua filha, para lhe dar a força e o suporte necessários para que ela tenha sucesso.

– E quanto a Oscar?

– Oscar teve a mesma oportunidade que Nina, que era encarnar para outra experiência de vida, outra chance, novo começo. Como você pôde ver, infelizmente ele falhou mais uma vez. Passou toda sua vida nutrindo pensamentos ruins. Sempre envolvido com espíritos inferiores, ele estagnou o seu progresso, desperdiçando oportunidade valiosa de se elevar e se purificar. Em uma experiência de vida anterior, ele matou um homem que acabou por se juntar à legião do mal. Seus pensamentos negativos tornaram a si mesmo e à sua alma vulneráveis à influência da legião, e você sabe o que aconteceu, então.

– Mas por que Deus não o salvou daquela morte horrível – quero dizer, daquele processo terrível de passagem?

– Porque foi Oscar quem escolheu seu próprio destino. Todos temos nosso livre-arbítrio, não se esqueça, e portanto sofremos as consequências, tanto positivas quanto negativas, de nossas próprias ações. Deus lhe deu a chance de recomeçar, mas ele desperdiçou completamente. Se ele tivesse se tornado um bom marido e um bom pai, trabalhado duro para viver feito um homem correto, cumpridor de seus deveres, os espíritos inferiores jamais teriam se aproximado dele, porque sua vibração energética estaria mais elevada. Porém, não foi o que ocorreu: o seu padrão vibratório baixo permitiu a aproximação da legião dos irmãos ainda sem comprometimento com o Bem, que o influenciavam livremente. Isso quer dizer que quanto mais limpos e verdadeiros nossos pensamentos se tornam, mais nos aproximamos de Deus.

– A ajuda virá para Oscar e para qualquer outro espírito sofredor sempre que ele estiver pronto para assumir seus erros e comprometer-se com a mudança. A vida na Terra é uma escola, onde nós estamos para aprender, e o que pode parecer sofrimento, na leitura de Deus, é aprendizado necessário para o progresso de cada encarnado. Veja o caso de Felicity, por exemplo. Você poderia considerar a experiência dela um sofrimento sem fim, quando na verdade aquele período significou importante momento de aprendizado para ela, para entender como é ser aprisionada por alguém, como é ser controlada por outra pessoa. Ela passou pela mesma dor que anteriormente havia causado aos outros em encarnações passadas. Agora Felicity... digo, Gina, aprendeu a não controlar ou mesmo escravizar ninguém com manipulações e jogos de sedução. Ela aprendeu com o amor de verdade.

Michael, por alguns instantes, refletiu sobre o que Mateo havia lhe dito, e em seguida disse:

– Que coincidência engraçada, Gabrielle e Nina agora viverem na mesma casa que eu vivia com Felicity há mais de um século.

– É hora de você aprender que coincidências não existem. O universo sempre trabalha em harmonia, e tudo que acontece na vida serve a um propósito. Você e Miranda, que agora vive como Gabrielle, tinham de se encontrar outra vez. Deus lhe deu nova chance, colocando-os próximos. Você precisava reparar o seu erro para com ela, e você o fez. Sem saber, tudo o que fez, desde que deixou As Torres, fazia parte dos planos de Deus. Lembra-se de quando perguntou como Deus podia permitir que os espíritos malignos agissem daquela forma? Bom, o que os espíritos Buziba, Enu e tantos outros espíritos ainda ignorantes não sabem é que quando eles agem, em verdade estão sendo ferramentas que Deus utiliza para que a sua vontade seja cumprida. Por exemplo, eles foram peças-chave para trazê-lo para perto de Gabrielle, Nina e Oscar, para que você se redimisse com Gabrielle. Naquela situação, você também aprendeu a importância de manter seus pensamentos elevados e focados em positividade, focados na bondade e no amor. Então, o que eles julgavam ser o jeito deles de te castigarem era na verdade a vontade de Deus te aproximando de Gabrielle.

Michael ficou mais uma vez sem palavras. Foi tomado por um sentimento muito digno e poderoso: a gratidão. Emocionado, ele segurou nas mãos de Mateo e nas mãos de Harriet, beijando-as.

– Agradeço a vocês dois. Obrigado por me ajudarem tanto. Vocês fizeram muito por mim ao usarem seu tempo para me aconselhar e me guiar... também me lembro de que fui muito injusto com Paul. As coisas estão muito claras em minha mente agora. Posso me lembrar claramente de que no dia da minha passagem, lá no prédio da emissora de televisão, eu estava discutindo com ele. Paul estava tentando me acalmar e eu perdi o equilíbrio e caí na escada. Ele não me empurrou, eu caí porque estava muito estressado e irritado e, então, perdi o equilíbrio.

– Nós sabemos – disse Harriet. – Embora você não pudesse nos ver, nos estávamos lá, não se esqueça. Antes, você estava tão irado, que a raiva que carregava em seu coração estava cegando-o, ocultando a verdade, mas a verdade nunca morre, Michael. A verdade não morre jamais!

– Também me lembro de que, antes de reencarnarmos, Gina, Paul e eu, propus ter uma experiência de vida curta na Terra, a fim de deixá-los experimentar a vida feito um casal e viver o amor que eu interrompi em Liverpool.

– Está certo, filho. Agora eles têm suas tarefas individuais e obstáculos a superarem no intuito de continuarem sua evolução. Eles também têm a missão de guiar Harry – disse Harriet.

– Sim, havia me esquecido. Buziba mencionou o nome de Harry muitas vezes e me recordo dele obsidiando Gina e Harry. Por que ele insiste em fazer mal a Harry?

Harriet explicou:

– Assim que Mateo retornou ao mundo espiritual, ele veio a descobrir que John Worley estava em um hospital espiritual de recuperação. Ele havia sido prisioneiro de um grupo de espíritos malignos, os mesmos que queriam vingança contra você e contra ele. Depois de muitos anos sofrendo, ele finalmente pediu pela misericórdia de Deus e imediatamente foi resgatado. Espíritos benfeitores o resgataram e o levaram a um hospital. Após se arrepender de todas as suas faltas, ele solicitou outra chance, então, encarnou como seu primeiro filho, Harry.

– John Worley, que um dia foi meu pai, reencarnou como meu filho, Harry?

– Exato – respondeu Mateo. – E agora ele está rodeado de amor e tem à sua volta espíritos dedicados a ajudá-lo.

– E quanto a Kit e Grace?

– Eles são espíritos iluminados que têm acompanhado Harry por séculos, guiando-o para Deus. Como seu progresso tem sido muito vagaroso, os dois espíritos benfeitores – em um gesto muito altruísta – encarnaram como seu irmão e sua irmã para que pudessem ajudá-lo e apoiá-lo nessa nova experiência. Por enquanto, ainda limitados em um corpo de criança, não podem fazer muita coisa, mas em breve, quando crescerem e tiverem menos limitações, darão suporte para John, quero dizer, para Harry.

– Devemos ficar preocupados com Harry já que a legião continua a persegui-lo?

– Sim e não. Devemos ter fé em Deus e confiar que Harry seguirá os exemplos de amor e respeito que agora ele tem à sua volta, e portanto, que não cometerá os mesmos erros de antes. Se isso acontecer, a legião ou quaisquer outros espíritos ignorantes da leis de Deus não conseguirão se aproximar dele, uma vez que ele estará cada vez mais perto de Deus. Mas se, apesar de tudo isso, ele continuar a cometer os erros do passado, então, sim, receio que estará vulnerável às energias negativas.

O assalto

Seis meses depois

Buziba estava tomado pelo ódio em razão de sua vingança. John Worley tinha escapado uma vez, mas dessa vez que ele o tinha encontrado reencarnado e vivendo como Harry, não descansaria enquanto não o trouxesse de volta para o mundo espiritual, onde poderia escravizá-lo e fazê-lo sofrer. Ele tinha pedido permissão para seu líder para trabalhar nesse caso. Seu plano era assassinar Harry e capturá-lo assim que ele começasse a fazer a passagem.

Como parte de seu plano de vingança, Buziba passou meses seguindo um jovem chamado Zack, de apenas dezoito anos. Buziba seguiu todos os seus passos, estudando todos os seus movimentos. Zack vivia com os pais em um apartamento no bairro de Clapham, no sul da cidade de Londres.

Ele tinha um lar perfeito e adorável, com pais que se preocupavam e cuidavam dele com muito amor. Zack era um rapaz pacato, cercado de bons amigos e amado por muitos. Zack se apaixonou por uma garota do colégio chamada Sabrina. O começo do namoro foi repleto de momentos agradáveis, com passeios pela cidade e momentos românticos. Com o passar do tempo, Zack tornou-se ciumento, e com o seu ciúme vieram a possessividade e o controle. Sentindo-se sufocada com toda a obsessão do namorado, Sabrina decidiu terminar o namoro. E foi aí que tudo mudou. Após o término do relacionamento, Zack passou a cultivar pensamentos negativos, depressivos, abaixando seu padrão vibratório, fornecendo "elementos" para que Buziba tivesse acesso a ele, agindo em sua mente. Buziba, então, passou a inspirá-lo com pensamentos destrutivos, incitando-o ao vício das drogas.

Dia após dia, Buziba levava vantagem pelo fato do rapaz ficar cada vez mais deprimido e se envolver rapidamente com os vícios do álcool e das drogas. Zack começou pelas drogas legais, como o cigarro e o álcool, e após meses estava completamente envolvido em drogas pesadas. A vida de sua família transformou-se em um pesadelo, e os pais faziam tudo que podiam para ajudar o filho a se libertar da dependência química.

Nesse período, Zack abandonou os amigos e todos que o amavam, passando a se relacionar com pessoas ligadas às drogas, vivendo em um mundo sombrio. Seu comportamento mudou, e ele se tornou agressivo, não mais aquele garoto amável e brilhante de antes. Passou a nutrir desprezo pela vida, deixou de cuidar da higiene pessoal, e nele era visível uma energia muito pesada e negativa. Nesse processo de abandono por si próprio, Zack fugiu de casa, mudando-se para uma casa que dependentes de crack haviam invadido e lá viviam. Desse modo, deixou-se influenciar ainda mais por Buziba e por outros espíritos que se alimentavam do mesmo vício que ele.

"Hoje é o dia em que ele pagará por tudo que fez para mim e para minha família", pensou Buziba, cujos olhos estavam vermelhos de tanta raiva. "Vou trazê-lo de volta pra cá e ele sentirá novamente como é ser um escravo, como é ter sua alma dilacerada."

Mas, considerando que Buziba não conseguia mais agir na mente de Harry, já que o garoto estava sendo fortemente protegido por espíritos benfeitores que trabalhavam na casa espírita dirigida por Amelia, a que Gina, Paul e as crianças estavam frequentando semanalmente, ele decidiu seguir Gina e Paul, como parte de seu plano, e descobriu, certo dia, que eles estavam no centro de Londres com as crianças, fazendo compras de Natal.

Com muita cautela, Buziba passou a segui-los, e aproveitando-se da vulnerabilidade de Zack, o atraiu para junto à família provocando um ataque que culminaria na morte de Harry. Assim, ele conseguiria trazer o espírito de volta para o mundo espiritual e realizar sua vingança contra ele. O plano, então, era influenciar Zack a assaltar a família, levando ao assassinato de Harry.

A cidade de Londres estava toda enfeitada para o Natal. Havia muitos enfeites com luzes por todos os cantos da cidade. A neve pelo chão e também nos telhados dos prédios trazia um clima ainda mais natalino à cidade. Gina, Paul e as crianças passeavam pelo centro. As crianças estavam animadas, brincavam na neve e paravam em todas as lojas em que viam a figura de um Papai Noel para tirar fotos e fazer pedidos de presentes. Após horas passeando pelo centro, a família entrou na estação de metrô de *Oxford Circus*, de volta para casa. Após vinte minutos viajando até o bairro de Richmond onde moravam, eles caminhavam cansados, após um dia inteiro passeando. Gina levava Kit no carrinho, Paul carregava Grace, que dormia em seus braços, enquanto Harry caminhava entre Gina e Paul, brincando com o celular de Paul.

– Não vejo a hora de chegar em casa e pedir uma pizza. Estou morrendo de fome – disse Gina.

– Também estou, mas já estamos perto de casa, querida.

– Mamãe, também estou cansado e com fome – disse Harry.

– Estamos chegando, querido, ela lhe assegurou. Assim que chegarmos vou pedir pizzas para nós.

Sem que percebesse, a família foi abordada por Zack, que segurava uma arma:

– Ei, você! Me dê sua carteira!

Buziba havia inspirado Zack a esperar em uma rua deserta próxima à casa de Gina sabendo que eles passariam por lá. Juntamente com outros cinco espíritos, seguidores da legião, Buziba continuou a influenciar Zack instigando-o a atirar em Harry.

– Mê dê sua carteira, ou vou atirar em vocês! – tremia com o revólver em suas mãos.

Todos entraram em pânico. Gina estava apavorada. Kit e Grace acordaram e começaram a chorar e a gritar. Notando que Zack estava visivelmente sob o efeito de drogas, Paul tentou acalmá-lo:

— Acalme-se, garoto. Por favor, diga-me o que você quer. É a carteira? Fique tranquilo... não há necessidade de violência. Não precisa atirar... vamos lhe dar tudo que você quiser, mas por favor, abaixe a arma.

— Ele está mentindo para você – disse Buziba no ouvido de Zack. – Apenas atire! Atire no menino! Atire nele!

Harriet, Mateo e Michael também estavam presentes, de mãos dadas e em prece. Eles tinham sido avisados de que a família precisaria da ajuda deles. Sabendo que poderiam interferir, silenciosamente emitiam boas vibrações tentando acalmar Zack.

— Por favor, deixe minha família em paz – implorou Paul. – Vamos cooperar com tudo o que você quiser.

— Vá em frente e atire no menino – Buziba continuou a dar ordens ao rapaz. – Atire na família toda, se for necessário.

Michael aproximou-se de Zack e Buziba e, com um tom de voz bem calmo, falou para Zack:

— Este não é você, Zack. Você nunca machucaria alguém. Abaixe a arma. Deus está observando e quer que você saiba que Ele te ama muito. Pense na sua mãe e no seu pai. Pense nos momentos em que você se sentiu seguro e protegido ao lado deles. Foque no amor e no carinho do seu lar... eles sentem sua falta e querem que você volte... ainda dá tempo de parar e não cometer este erro que você está prestes a cometer.

As vibrações positivas começaram a fazer efeito em Zack que, inspirado pelas palavras carinhosas de Michael, abaixou a arma. Michael colocou suas mãos no peito de Zack e, concentrando seu pensamento nos pais dele, passou-lhe imensa parcela de amor.

– Sinta o amor de seus pais – Michael disse.

De repente, ouviram-se sirenes de carros de polícia ao mesmo tempo em que Paul colocava a mão em seu bolso para pegar sua carteira, o que fez com que Zack entrasse em pânico. Ele, então, ergueu a arma novamente ao ar e puxou o gatilho, atirando duas vezes.

– Isso, muito bem feito, garoto – gritou Buziba comemorando.

Harry e Gina caíram imediatamente de costas no chão. Uma poça de sangue começou a se formar na calçada. Paul e as outras crianças gritaram apavorados. A cena era chocante. O sangue que passou a escorrer pela calçada até a rua sinalizava o tamanho da crueldade daquele ato.

Paul colocou Grace no chão, e em seguida ajoelhou-se próximo a Gina e Harry. Desesperado, gritava por socorro. Seu coração aflito temia pelo pior, a morte de seu grande amor e do pequeno Harry.

Zack correu, tentando escapar, mas foi logo pego por três policiais que o imobilizaram e o algemaram.

– Vi aquele drogado aproximando-se de você e chamei a polícia – disse um homem que se aproximou de Paul.

– Chame uma ambulância, por favor! – gritou Paul.

Paul chorava desesperadamente sobre Harry e Gina, que estavam deitados no chão, desacordados, ambos sangrando sem parar.

Gina e Michael reunidos mais uma vez

Gina acordou em uma cama de hospital numa Colônia Espiritual. Assim que abriu os olhos, ela viu Michael sentado ao lado de seu leito, observando-a.

– Michael? Oh, meu Deus, é você? – perguntou com uma voz fraca.

Gina encheu-se de lágrimas imediatamente ao ver Michael. Ergueu-se para frente e sentou-se no canto da cama.

– Oh, meu querido, como é bom vê-lo. Eu estava com tanta saudade... – ela disse.

Eles se abraçaram com força e permaneceram enlaçados em uma vibração de amor por longo período. Ficaram ambos em silêncio, até que Gina disse:

– Michael, você morreu... como pode, estarmos juntos? – já com medo de suas conclusões: – O que estou fazendo aqui? Eu... morri?

– Não, querida, você não morreu. Você ainda não retornou ao plano espiritual. Você levou um tiro em um assalto. Sua alma tem sido tratada neste hospital enquanto seu corpo físico está passando por procedimentos médicos em um hospital na Terra. Os médicos estão trabalhando muito para impedir a morte do seu corpo físico. E aqui, no plano espiritual, os médicos e espíritos benfeitores estão guardando a sua alma.

Lembrando-se do ocorrido, Gina colocou as duas mãos no rosto:

– Harry! – exclamou em pânico. – Nosso Harry foi baleado também, não foi? Como está o nosso pequeno Harry?

– Ele está bem. A bala acertou apenas seu ombro e ele está se recuperando bem. Paul, Isabel e Juliana têm cuidado dele, assim como têm cuidado de Grace e Kit também. Todos estão bem. Paul tem sido ótimo, cuidando deles e de você no hospital, pois passa a maior parte do tempo sentado ao lado do seu corpo físico, orando para que você melhore.

Cabisbaixa, sentindo profunda tristeza:

– Então, chegou a minha hora de retornar para o mundo espiritual? Não vou mais voltar para lá e ficar junto de nossa família?

– Não. Não é sua hora de voltar para casa ainda. Você vai voltar para a Terra em breve. Sua alma está descansando neste hospital espiritual porque seu corpo físico sofreu grande ferimento e agora está em estado de coma. Faz duas semanas desde aquele incidente, mas em breve seu corpo humano estará pronto para receber a sua alma novamente, o que significa que você vai voltar. Mas, antes que isso acontecesse, eu pedi permissão para te ver e conversar com você, antes do seu regresso.

Os dois ficaram um tempo em silêncio. Intimamente, Gina sabia qual era o motivo de Michael querer conversar com ela. Sentia receio de começar o assunto. Michael, então, tocou gentilmente sua mão e disse:

– Quero conversar com você sobre o seu relacionamento com Paul.

– Sinto muito, Michael. Nunca quis me envolver com ele. Aconteceu naturalmente... ele estava lá apoiando a mim e às crianças, nos passando carinho e de repente percebi que estava me... – ela pausou.

– Você percebeu que estava se apaixonando por ele – disse Michael com lágrimas em seus olhos.

Envergonhada, Gina não conseguia olhar nos olhos de Michael. Sentia como se houvesse traído o marido.

– Sim. Você está certo. Eu não apenas me apaixonei como... descobri que eu amo Paul – disse ainda meio desconcertada.

– Por favor, querida, não se sinta mal – Michael tocou seu rosto e suavemente levantou sua cabeça. – Eu estou muito feliz por vocês dois.

– Você está? – Gina estava confusa. Não esperava ouvir aquelas palavras de Michael.

– Sim, eu realmente estou muito feliz. O amor que sinto por você agora não é um sentimento obsessivo e possessivo, como era antes. Te amo como amo nossos filhos, como amo minha mãe e como amo também Paul... aprendi a amá-la livre de obrigações, livre de controle e ciúmes. Eu te aprisionava com o meu amor e acabava aprisionando a mim mesmo. Perdi muito tempo e também desperdicei muita energia com sentimentos de ciúmes e obsessão. Tempo e energia que eu deveria ter investido em meu próprio aperfeiçoamento, e evoluído como indivíduo.

– Estou confusa, Michael. Você nunca fez essas coisas terríveis que está dizendo. Você era um marido amável e um pai adorável para nossos filhos. Teve seus momentos de ciúmes, tivemos brigas, mas algo que todo casal tem. Eu não poderia ter pedido um homem melhor.

Michael lembrou-se de que Gina não havia recuperado sua memória espiritual e disse em seguida:

– Fiz coisas ruins para você numa vida passada... muito tempo atrás. Mas isso é passado agora. Só queria te dizer obrigado por ter me ajudado e me tornar um homem melhor. Obrigado por me mostrar o que realmente significa o amor. Sempre serei grato a você pelo que fez por mim.

Eles se abraçaram bem apertado. Ambos ficaram com os olhos marejados. Olharam-se fundo nos olhos um do outro, com carinho e felicidade. Michael, então, enxugou as lágrimas do rosto dela.

– É hora de você ser feliz, Felicity. Volte e continue a ser essa mulher maravilhosa que você tem sido.

Ele respirou fundo e acariciou seus cabelos:

– Agora é hora de você voltar, minha querida. Há três crianças lindas esperando por sua mãe. Não se esqueça de que estou realmente feliz por você e Paul. É para vocês dois ficarem juntos, sem peso na consciência e sem se sentirem mal por isso. Adeus, agora.

Mateo entrou no quarto e segurou na mão de Gina ao mesmo tempo em que ela adormeceu. Em seguida, Mateo levou Gina de volta para o hospital, onde Paul a estava esperando, sentado ao lado de sua cama. Era noite de véspera de Natal e Paul e as crianças receberam, então, o melhor presente de Natal de suas vidas, a mãe e a mulher que amavam de volta.

****

Michael deixou o hospital, e Harriet estava esperando por ele do lado de fora.

– Muito bem, filho. Estou muito feliz por você! Olhe aonde você chegou e o quanto evoluiu. Olhe para trás e fique feliz do quanto você alcançou até agora!

– Mãe, ela vai se lembrar desse momento que tivemos juntos quando ela estiver de volta?

– Creio que não, meu filho. Ela terá uma vaga lembrança, como se tivesse sonhado um sonho muito agradável com você. Para Gina, esse momento lindo que Deus lhe permitiu será lembrado como um sonho. Porém, posso lhe assegurar que no inconsciente de seu espírito, Gina irá lembrar, e é isso o que importa.

Michael sorriu, feliz com o que tinha ouvido . – Sinto-me livre agora – disse ele. – Sinto-me livre de toda a raiva e rancor que eu carregava comigo. E... Uau!!! Posso lhe garantir que este sentimento de felicidade e amor que sinto agora é um sentimento muito bom.

Harriet sorriu e o abraçou. Estava radiante de tanta felicidade por vê-lo leve e feliz. Michael sorriu e concluiu:

– Estou pronto para continuar minha jornada agora. Podemos voltar Às Torres?

Harriet balançou a cabeça dizendo que sim e estendeu as mãos a Michael. Os dois deram-se as mãos e caminharam pelos campos do lado de fora do hospital, depois retornaram para As Torres.

A vida nunca termina

Alguns anos depois...

Michael passou os últimos anos estudando e aprendendo na escola espiritual. Estava cada vez melhor. Michael dedicava seu tempo livre acompanhando e auxiliando Regina, a mentora espiritual de Gabrielle, em sua missão de inspirar Gabrielle e Nina na Terra.

Nina, com a ajuda de sua filha e de seus amigos espirituais, parou de beber e recuperou sua autoestima e a sua fé na vida. Ela arrumou um emprego e estava fazendo grandes progressos. Gabrielle continuava, como sempre, atenciosa com todos à sua volta. Na escola, era a aluna favorita da professora e a melhor amiga de muitos dos companheiros de classe. Em casa,

Gabrielle continuava a ser prestativa e cuidadosa. A pequena Gabrielle era a fonte de amor e de motivação de Nina. A casa delas tinha se tornado um verdadeiro lar, com amor e muita harmonia. Michael e Regina faziam visitas diárias às duas. Sempre que eles sentiam Nina vulnerável a algum perigo, emitiam vibrações de amor que a inspiravam a continuar sua jornada. Eles faziam preces, pedindo a Deus que enviasse às duas forças para lidar com as lições do dia a dia.

O amor é um sentimento poderosíssimo, e assim que Nina começou a alimentar sua alma com esse sentimento, ela conseguiu mudar toda a sua vida, para melhor.

Após ter certeza de que mãe e filha estavam indo bem, Michael tomou a importante decisão de reencarnar e passar por mais uma experiência na Terra. Era hora de colocar em prática tudo que havia aprendido.

Michael passou por meses de recolhimento, e no dia anterior à sua partida, Harriet e Mateo vieram lhe dar palavras de motivação e coragem, e também para se despedirem.

– Devo confessar que estou bem apreensivo e sentindo um pouco de medo. Mas estou confiante em minha decisão... sei que é a melhor decisão.

– Você vai conseguir, Michael – disse Mateo. – Acredite em você e seja forte. Você percorreu longo caminho e evoluiu muito. Confie na proteção divina, filho. A reencarnação é sempre nova chance de botar em prática tudo o que aprendemos aqui na pátria espiritual. E esse é um presente que ganhamos de nosso Criador. Lembre-se de que você terá seus amigos espirituais sempre por perto, guiando, inspirando e dando a você motivação e força para continuar determinado em sua missão. Esteja sempre com seus pensamentos elevados no amor e na bondade, e essa inspiração espiritual lhe será sempre clara.

– Não posso deixar de agradecer – disse Michael com uma lágrima caindo em seu rosto. – Vocês sempre me inspiraram e apostaram em mim. Acreditaram que eu conseguiria me livrar dos pensamentos ruins e me tornar um ser melhor.

– Não precisa nos agradecer, filho – disse Harriet que também tinha lágrimas em seus olhos. – Você fez tudo sozinho. Nós aconselhamos, demos amor e mostramos o caminho, mas somente você pôde fazer as mudanças em seu interior acontecer, e olhe como está indo tão bem! Estamos muito felizes por você e por tudo que você alcançou.

Meses depois...

Era um dia belo e agradável de primavera. A cidade de Londres estava radiante e florida, como é hábito nas estações de primavera e verão. O céu estava azul e sem nenhuma nuvem, o que dava um ar ainda mais bonito para aquele cenário. Os sinos da igreja anunciavam a celebração de mais um casamento.

A multidão de convidados saiu para fora, empolgados para ver os recém-casados deixarem a igreja. Isabel e seu novo marido François saíram da igreja de mãos dadas, radiantes de alegria, e depararam-se com uma chuva de confetes que foram arremessados pelos convidados.

Gina, Paul e as crianças estavam entre os felizes convidados parabenizando o novo casal. Grace e Kit corriam de um lado para o outro com as outras crianças, esbanjando toda a sua energia infantil, enquanto Gina estava de mãos dadas com Paul, e ao lado deles Harry levava no colo o seu mais novo irmãozinho, Peter, o bebê que tinha nascido há algumas semanas.

Isabel e François entraram no carro que estava esperando para levá-los à festa do casamento. Gina e Paul olharam para Harry, que ainda segurava o bebê. Grace e Kit aproximaram-se, dando um abraço amoroso em Paul e Gina, e então saíram para brincar com as demais crianças novamente. Havia intensa energia de alegria e felicidade por toda parte.

Harriet e Mateo chegaram naquele momento para visitar a família. Invisível aos encarnados, Harriet sorriu de alegria quando viu Harry segurando seu irmãozinho. Ela pensou nos dois meninos e fez uma prece. Ao final de sua prece disse a Mateo:

– Dê uma olhada neles, meu querido. Olha que cena mais linda:

– Felicity, Jonathan, John Worley e Peter estão finalmente felizes e em harmonia juntos. Estou tão feliz por eles. Eles percorreram longo caminho para chegarem até este momento.

Mateo sorriu para Harriet, satisfeito:

– Sim, minha querida – disse. – Parece que eles conseguiram.

Harriet e Mateo deram-se as mãos, sentindo-se muito contentes pela felicidade daqueles que tanto amavam, e plenos de paz pela certeza de que todos nós, mais cedo ou mais tarde, evoluímos e aceitamos o amor em nossas vidas, retornaram para As Torres.

FIM

Notas do autor

A ideia de escrever "A verdade nunca morre" veio do desejo de dividir com o leitor o conforto que encontrei na Doutrina Espírita e em seus ensinamentos a respeito da vida após a morte.

Eu tinha apenas oito anos quando minha mãe faleceu e, assim como acontece com todos que perderam alguém que amavam profundamente, passei por muito sofrimento e muita dor. Como qualquer um que tenha passado por essas circunstâncias, também tive de continuar com a minha vida.

Quando era ainda um garoto, lembro-me de ir para a cama à noite, apagar as luzes para que meu pai não pudesse me ver e, então, quando sabia que ninguém estava me vendo, eu chorava e implorava para minha mãe voltar. Cresci fingindo que eu era forte e que conseguiria superar, mas no fundo ainda havia aquele garotinho esperando a mãe voltar para casa. Foi mais tarde em minha vida, quando a tristeza e a mágoa já tinham tomado conta de mim, que tomei coragem e fui buscar respostas.

Bem, encontrei minha força e minhas respostas acreditando profundamente que nossas vidas são infinitas, e que todos nós estamos em um processo evolutivo contínuo. Ainda sinto falta de minha mãe e de todos aqueles que eu amava e que se foram, embora a dor não esteja mais lá, porque aprendi que nós não morremos. Nós apenas continuamos a progredir. A separação é apenas temporária e eu tenho certeza disso.

Confesso que seria quase impossível continuar com minha vida, se não fosse pela segurança e pela certeza que eu tenho de que todos nós vamos nos reunir novamente com os nossos queridos que já partiram.

Espero que este romance tenha servido ao seu propósito de confortar aqueles que tiveram seu coração partido. Tente imaginar a morte como a libertação de nossos espíritos rumo ao caminho de volta para casa.

Com muito carinho,

Valter dos Santos

Para mais informações sobre o autor visite os canais:

website:
www.valterdossantos.com

Facebook:
www.facebook.com/valterdossantos.autor

Instagram:
valterdossantos26

Para receber informações sobre os lançamentos da
INTELÍTERA EDITORA,
cadastre-se no site

Para saber mais sobre nossos títulos e autores, bem como
enviar seus comentários sobre este livro, mande e-mail para

Conheça mais a Intelítera